ROSEN

'RINA HUGO'
Teehybride

ROSEN
Die 360 schönsten Sorten

'THE LADY'
Teehybride

Dorling Kindersley

'FRAGRANT APRICOT'
Floribunda-Rose

Dorling Kindersley

'KRISTIN'
Zwergrose

Redaktion Beth Smiley, Ray Rogers
Redaktionsassistenz Ellen Trice
Gestaltung Carol Wells
DTP-Design Nicola Erdpresser
Herstellung Sara Gordon, Silvia La Greca

Die Deutsche Bibliothek – CIP-Einheitsaufnahme
Ein Titeldatensatz für diese Publikation ist bei
der Deutschen Bibliothek erhältlich.

Titel der englischen Originalausgabe:
Ultimate Rose

© Dorling Kindersley Publishing, Inc., New York, 2000
Text © American Rose Society, 2000

© der deutschsprachigen Ausgabe by Dorling Kindersley Verlag, München, 2001
Alle deutschsprachigen Rechte vorbehalten

Übersetzung Susanne Bonn
Lektorat Kerstin Walter, Aachen

ISBN 3-8310-0086-7

Titelbild 'Glad Tidings'
Vorderklappe 'Valentine Heart'
(oben) und 'Tango' (unten)
Rückseite 'Rosa Mundi',
'Nozomi', 'Mountbatten' und
'Gentle Touch' (oben)
'Sweet Dream' (unten)

Besuchen Sie uns im Internet
www.dk.com

'BERRIES 'N' CREAM'
Großblütige Kletterrose

'ARTHUR DE SANSAL'
Portland-Rose

INHALT

VORWORT	7
GESCHICHTE DER ROSE	8
ROSEN IN UNSEREM LEBEN	10
ROSEN KLASSIFIZIEREN	12
WILDROSEN	14
ALTE GARTENROSEN	22
MODERNE ROSEN	78
ROSEN PFLEGEN	142
ROSEN ARRANGIEREN	150
ROSEN TROCKNEN	154
GLOSSAR	156
REGISTER	158

'MISS FLIPPINS'
Zwergrose

'PLAYTIME'
Floribunda-Rose

'SECRET'
Teehybride

VORWORT

Keine andere Blume erfreut sich so universeller Beliebtheit wie die Rose. In vielen Kulturen gilt sie als Symbol der Schönheit und Liebe, eine Rolle, die auch in diesem Buch gewürdigt wird. Der Schwerpunkt des Buches liegt auf der systematischen und anschaulichen Vermittlung der Rosenentwicklung – von den Wildformen über die Alten Gartenrosen bis zu den Modernen Rosen. Bestechend sind die außerordentlich brillanten Fotos, die wir so bisher in keinem anderen Fachbuch sahen. Da den meisten Rosenfreunden die Klassifizierung der Alten Rosen schwer fällt, schließt das vorliegende Werk eine Lücke: Dieses Buch von internationalem Standard beschreibt mehr als 400 der wichtigsten Rosenarten und Sorten in Bild und Text. Im Anhang finden sich alle praktischen Hinweise zu Pflanzung, Schnitt und Pflanzenschutz sowie die wichtigsten Begriffserklärungen.

Dieses Buch wird jeden Rosenfreund beglücken. Wir wünschen ihm eine weite Verbreitung.

Bernd Weigel
Präsident des Vereins Deutscher Rosenfreunde

'JEANNE LAJOIE'
Zwergkletterrose

GESCHICHTE DER ROSE

Die Geschichte der Rose reicht weiter zurück als die des Menschen. Fossilienfunde in verschiedenen Teilen der Welt deuten darauf hin, dass es bereits vor 30 bis 40 Millionen Jahren Rosen gab; Skulpturen, Schriften, Malereien und andere Spuren der Zivilisation zeigen, dass sich der Mensch seit frühester Zeit mit Rosen umgibt. Am Anfang waren es wilde Rosen, die sich auf natürlichem Weg vermehrten. Die Fachleute diskutieren noch immer darüber, was eine Wildrose im engeren Sinn ist und was nicht, man hat sich aber auf eine Zahl zwischen ein- und zweihundert geeinigt.

Diese Arten vermischten sich im Laufe der Zeit auf natürlichem Weg miteinander und so entstanden neue Rosen. Es wäre sehr schön, genaue genealogische Aufzeichnungen über die Entwicklung der Rose zu haben, doch es ist unwahrscheinlich, dass ein solcher Stammbaum jemals vollständig zusammengestellt werden kann. Man kann allerdings davon ausgehen, dass verschiedene Rosen, sowohl Arten als auch natürlich auftretende Hybriden, vor etwa zwei- bis dreitausend Jahren im Mittelmeergebiet vorkamen. Ob sie durch die Eroberungszüge Alexanders des Großen oder auf anderen Wegen aus dem ferneren Osten dort hingelangt sind, ist nicht mehr festzustellen.

ROSA HUGONIS
(Wildrose)
Diese Rose wurde 1899 von dem Missionar Pater Hug Scallon von China nach Großbritannien geschickt.

Zwar wird von verschiedenen Kreuzrittern berichtet, dass sie neue Rosen mit nach England und Frankreich gebracht hätten, aber es ist ebenso wahrscheinlich, dass die Blumen langsam, von einem Klostergarten zum nächsten, nach Norden wanderten. Ende des 16. Jahrhunderts blühten alle in Europa bekannten Rosen nur einmal jährlich: Sie standen im späten Frühjahr und Frühsommer in voller Blüte, bildeten aber im Laufe des Jahres keine weiteren Knospen. Im späten 18. Jahrhundert trat in Nordeuropa eine mehrfach blühende Rose auf und Mitte des 19. Jahrhunderts gab es bereits rund 100 Sorten »dauernd blühender« Damaszenerrosen. Ein Umbruch in der Rosenzucht ergab sich im späten 18. Jahrhundert, als Wildrosen und ihnen ähnliche Zuchtrosen aus China nach Europa gebracht wurden. Die besondere Eigenschaft dieser Rosen war, dass sie mehrfach blühten; zwar vertrugen nicht alle das kältere Klima im nördlichen Europa, doch durch Kreuzung mit den europäischen Rosen entstanden völlig neue, öfter blühende Sorten. Zu jener Zeit züchtete oder kreuzte man Rosen, indem man verschiedene Rosen nebeneinander pflanzte und die Bestäubung der Natur überließ; die Samen wurden geerntet und daraus neue Rosen herangezogen. Oft heißt es, der Engländer Henry Bennett habe in den 80er-Jahren des 19. Jahrhunderts gezeigt, dass die gewünschten Merkmale mit gezielten, kontrollierten Kreuzungen leichter zu erreichen seien, aber wahrscheinlich war ihm der Franzose André Dupont um rund 50 Jahre voraus.

'SLATER'S CRIMSON CHINA'
(Chinahybride)
Die Einkreuzung von 'Slater's Crimson China' in die bekannten Stammbäume war unleugbar einer der wichtigsten Meilensteine in der Kreuzungsgeschichte, die zur Entwicklung der Modernen Rosen führte. Siehe Seite 40.

Geschichte der Rose

'DUCHESSE DE BRABANT'
(Teerose)
Diese stark duftende Rose trug der US-Präsident Roosevelt oft am Mantelaufschlag.

Die Zusammenarbeit zwischen Mensch und Natur entwickelte sich jedoch schnell weiter. Das Zentrum dieses Aufschwungs der Rosenzucht war der warme Süden Frankreichs an der Mittelmeerküste. Dort konnten Rosensamen geerntet und neue Pflanzen herangezogen werden, ohne dass Frostschäden zu befürchten waren. Es gibt Aufzeichnungen, dass in den Gärten der Kaiserin Josephine von Schloss Malmaison bei Paris im Jahre 1814, als sie starb, 260 Rosensorten vorhanden waren. Nur 15 Jahre später sind in einem Katalog von Deportes schon 2.500 Sorten aufgeführt, woraus sich die erstaunliche Aktivität der Rosenzüchter ableiten lässt. Die Wiedereröffnung des Rosariums in Sangerhausen (Sachsen-Anhalt) mit der weltweit größten Rosensammlung, die Entdeckung und Katalogisierung von über 100 Spinosissima-Hybriden (Bibernellrosen) in »freier Wildbahn« in den vergangenen zehn Jahren und andere Aktivitäten verheißen den Wildrosen und den alten Rosensorten eine große Zukunft.

Teehybriden sind die älteste und noch immer beliebteste Gruppe unter den so genannten Modernen Rosen. Sie waren ursprünglich Kreuzungen zwischen Remontant- und Teerosen, tragen inzwischen aber das Erbgut vieler verschiedener Rosengruppen in sich. Die von Guillot gezüchtete Rose 'La France' wurde im Nachhinein (etwas willkürlich) als erste Teehybride bezeichnet; das Jahr 1867, in dem sie entstand, ist seitdem die Trennlinie zwischen Alten und Modernen Rosen. Die Zucht von Teehybriden blühte Anfang des 20. Jahrhunderts auf, ließ in den 30er-Jahren und während des Zweiten Weltkriegs nach und lebte 1945 mit der unvergleichlichen 'Gloria Dei' wieder auf. Seitdem sind sie das Aushängeschild der Gattung Rosa. Während sich die Teehybriden anschickten, das 20. Jahrhundert einzuläuten, waren Pflanzensammler in den entlegensten Regionen Asiens unterwegs, um das 19. Jahrhundert abzuschließen. Seit dem späten 18. Jahrhundert nutzten die Gärtner in ganz Europa den Reichtum bisher unbekannter Arten, die sich in China und Ostasien fanden und von denen einige großen Einfluss auf die Rosenzucht hatten.

Was werden die Gärtner der Zukunft sehen, wenn sie einst auf die Entwicklung der Rose im 20. Jahrhundert zurückblicken? Wahrscheinlich werden sie die große Gruppe mit der etwas ungenauen Bezeichnung »Strauchrosen« als das wichtigste Gebiet der Veränderung entdecken, auf dem Rosenblüten der alten Form und buschige Pflanzen mit dem stärkeren Duft und der mehrfachen Blüte der Modernen Rosen kombiniert werden. In den letzten drei bis vier Jahrzehnten sind zudem die Zwergrosen voll zu ihrem Recht gekommen.

'AUSTRALIA'S OLYMPIC GOLD ROSE'
(Grandiflora-Rose)
Diese Rose ist nach den Olympischen Sommerspielen in Sydney 2000 benannt und zeigt somit den Weg der Rosenzucht ins 21. Jahrhundert; sie ist ein Höhepunkt der jahrhundertelangen Anstrengungen von Gärtnern der ganzen Welt, neue Rosen hervorzubringen.

'GLORIA DEI'
(Teehybride)
Manche Rosenzüchter teilen die Geschichte der Rose in zwei Zeitalter ein: vor 'Gloria Dei' und nach 'Gloria Dei'. Siehe auch Seiten 79 und 108.

Die Gärten werden mit der zunehmenden Bevölkerungsdichte immer kleiner, wodurch die Nachfrage nach Rosen, die in Kübeln und auf kleinen Flächen gedeihen, zunimmt. Sicher ist nur, dass Veränderungen in den Rosen, die wir züchten, in nicht allzu ferner Zukunft, vielleicht auch durch Gentechnik, unvermeidlich sind.

ROSEN IN UNSEREM LEBEN

Kein Überblick über die Geschichte der Rose ist vollständig, ohne die Spuren dieser Blume im Laufe der Zivilisation zu betrachten. Diese zeigen Anwesenheit und Wertschätzung der Rose in den letzten drei Jahrhunderten, weisen aber nicht auf bestimmte Rosensorten oder -klassen als Anknüpfungspunkte hin. Es ist selten sinnvoll, die »Rose von Paestum«, die »Rose von Saron« oder andere Rosen, die in künstlerischen und literarischen Werken erscheinen, genau identifizieren zu wollen. Diese Versuche stellen zum großen Teil Spekulationen dar und lenken außerdem die Aufmerksamkeit von der wirklichen Bedeutung dieser künstlerischen Spuren ab: von der Tatsache, dass Künstler und Autoren mit Rosen vertraut waren und entsprechende Kenntnisse auch bei ihrem Publikum voraussetzen konnten. Wir können nachempfinden, dass der Psalmendichter die Rose als Sinnbild für Jugend, Schönheit und Lebensfreude verwendete, ohne genau zu wissen, ob er dabei an eine bestimmte Sorte dachte.

'ALBA SEMI-PLENA'
(Alba-Rose)
Die Alba-Rosen sind eine sehr alte Rosengruppe und erscheinen häufig in Kunstwerken oder, stärker stilisiert, in Stoffmustern. Siehe auch Seite 24.

Neben einigen Erwähnungen in den Werken von Homer und Sappho ist das erste Werk, das sich ausführlich mit Rosen beschäftigt, Anacreons Ode 51, die etwa im 5. bis 6. Jahrhundert v. Chr. entstand. Dieses lyrische Gedicht beschreibt die mythologische Erschaffung der Rose in Verbindung mit der Geburt der Aphrodite (Venus), ein Thema, das Botticelli in seinem Gemälde »Die Geburt der Venus« wieder aufgreift. Ein besonders anschaulicher Vers lautet:

Diese Blume nimmt Siechtum hinweg und lindert das Leid der Kranken; das Alter nimmt ihr nicht den Duft, der unvergänglich ist; selbst im Tod bleibt noch der süße Hauch der Rose um uns her.

APOTHEKERROSE
(Wildrose)
Der Name spiegelt die Bedeutung der Rose für die Pflanzenheilkunde wider. Sie wurde jahrhundertelang gegen eine Vielzahl von Krankheiten verwendet.

Auch in frühen Bibelübersetzungen, besonders im Alten Testament und in den Apokryphen, die in einigen protestantischen und jüdischen Versionen der Heiligen Schrift nicht enthalten sind, wird die Rose mehrfach erwähnt. In späteren Versionen der Bibel, die sich strenger an den griechischen, hebräischen oder aramäischen Urtext halten, wurden die entsprechenden Stellen allerdings abgewandelt, sodass nur noch allgemein blühende Blumen oder andere Pflanzen erwähnt werden. Daraus sollte man allerdings nicht schließen, dass Rosen in biblischen Zeiten nicht im östlichen Mittelmeerraum zu finden waren (es gibt andere, klare Beweise für ihre Existenz), sondern eher, dass den europäischen Gelehrten und Übersetzern des 17. Jahrhunderts die Rose so vertraut war, dass sie diese Blume als treffendes Symbol für Schönheit verwenden konnten. Im 13. Jahrhundert erschien in Frankreich ein langes allegorisches Gedicht mit dem Titel »Roman de la Rose«. Es wurde von Guillaume de Lorris begonnen und von Jean de Meun beendet und erfreute sich drei Jahrhunderte lang großer Beliebtheit; es beschreibt die höfische Liebe eines Mannes zu seiner Dame (der Rose), der auf diesem Weg mehrere Hindernisse (die Dornen) zu überwinden hat; der Liebhaber möchte eine schöne Knospe abbrechen, wird aber von den Dornen daran gehindert. Diese Verwendung der Rose als Sinnbild sowohl der schönen als auch der schmerzlichen Aspekte des Lebens erscheint auch in Omar Chajjams berühmten »Rubaijat« aus dem 12. Jahrhundert, deren Thema nicht die Liebe ist, sondern eher die Ermahnung, das Leben in seiner Fülle zu genießen, so lange das noch möglich ist. Die Rose erscheint in neun der 90 Vierzeiler der »Rubaijat« und stellt nicht nur das Leben, die Jugend und den Frühling dar, sondern auch ihr unvermeidliches Vergehen.

*Geh mit dem alten Chajjam
und lass die Weisen
reden; eins nur ist sicher,
dass die Zeit eilt;
eins nur ist sicher und
der Rest sind Lügen;
die Rose blüht einmal
und stirbt für immer.*

Die Rose wurde als Symbol der nur zu schnell vergehenden Jugend und Schönheit von vielen Dichtern wieder aufgegriffen. Die Rose erscheint als Metapher des Lebens selbst, für seine Schönheit, die aber untrennbar mit Dornen verbunden ist, für das schnelle Aufblühen und das endgültige Verwelken, um Platz für die nächste Generation zu machen.

DER ROSENKRIEG

Vermutlich das bekannteste historische Auftreten der Rose ist gleichzeitig besonders problematisch und gehört eher ins Reich der Legende als ins Geschichtsbuch. Der Rosenkrieg, den die Adelshäuser Lancaster und York im 15. Jahrhundert in England austrugen und in dem sie die rote bzw. weiße Rose in ihren Wappen führten, wird im Hinblick auf die Rosen oft wörtlich aufgefasst. Die Vorstellung, dass die Anhänger des Hauses Lancaster echte Rosen trugen, die gewöhnlich als Apothekerrosen (eine tiefrosa Gallicarose mit dem lateinischen Namen *R. gallica officinalis,* die auch als »Rote Rose von Lancaster« bezeichnet wird) identifiziert werden, und die Anhänger der Yorks stattdessen die »Weiße Rose von York« (botanischer Name *Rosa* x *alba*) zeigten, gründet sich wohl eher auf Shakespeares Heinrich VI., Teil I, als auf historische Quellen. In der Tat wurde eine fünfblättrige Rose, die wahrscheinlich auf eine der vielen in England heimischen Rosenarten zurückgeht, bereits seit einigen Jahrhunderten von den Plantagenet-Königen als Wappen verwendet. Verschiedene Persönlichkeiten trugen Rosen in unterschiedlichen Farben; Eduard I. verwendete eine goldene Rose als Abzeichen, aber auch andere heraldische Farben, sogar Blau, kamen vor. Lancaster und York setzten daher mit der roten und weißen Rose nur eine heraldische Tradition fort. Die Tudor-Rose von Heinrich VII., die Lancaster und York vereinigt, indem eine kleine weiße Rose in einer roten gezeigt wird, hat nur symbolische Bedeutung und ist eine heraldische Erfindung.

BIS HEUTE

Im Zweiten Weltkrieg wurde durch Handelshindernisse die Versorgung Großbritanniens mit Zitrusfrüchten und damit der wichtigsten Vitamin-C-Quelle unterbrochen. Die Kinder zeigten bald erste Anzeichen von Skorbut. Es zeigte sich, dass die Hagebutten, die Samenkapseln der wilden Rosen, die frei in Hecken im ganzen Land wuchsen, 24- bis 36-mal so viel Vitamin C enthielten wie Orangensaft. Sie wurden als Tee, Suppe und Sirup verabreicht.

'ROSA MUNDI' (Wildrose)
Dieser Sport der Apothekerrose gedeiht seit 500 Jahren in Gärten.

'HERO' (Strauchrose)
Namen von Shakespeare-Figuren inspirieren die Rosenzüchter immer wieder, hier eine Gestalt aus »Viel Lärm um Nichts«.

ROSEN

ROSEN KLASSIFIZIEREN

Gattung Rosa

Rosenarten

Wildrosen (Species)

Alte Rosen

Alba
Ayrshire
Bourbon und Kletter-Bourbon
Boursalt
Bracteata-Hybriden
Chinarosen-Hybriden
Damaszenerrosen
Eglanteria-Hybriden
Foetida-Hybriden
Gallica-Hybriden
Moosrosen und Kletter-Moosrosen
Multiflora-Hybriden
Noisette-Rosen
Portland-Rosen
Remontant-Rosen
Sempervirens-Hybriden
Setigera-Hybriden
Spinosissima-Hybriden
Teerosen und Kletter-Teerosen
Weitere Alte Rosen
Zentifolien

ROSA RUGOSA ALBA
Wildrosen (Seite 14)

'MME PIERRE OGER'
Bourbon-Rose (Seite 28)

'TUSCANY'
Gallica-Hybride (Seite 42)

'CÉLINE FORESTIER'
Noisette-Rose (Seite 60)

Moderne Rosen

Floribunda & Kletter-Floribunda
Grandiflora & Kletter-Grandiflora
Großblütige Kletterrosen
Kordesii-Rosen
Moschus-Hybriden
Moyesii-Hybriden
Polyantha-Rosen & Kletter-Polyantha
Rugosa-Hybriden
Strauchrosen
Teehybriden & Kletter-Teehybriden
Wichuraiana-Hybriden
Zwergrosen & Zwergkletterrosen

Auf der Grundlage von bahnbrechenden Entwicklungen wie Darwins Arbeiten über die Entstehung der Arten, Mendels genetischen Experimenten und von Linnés Entwicklung eines einheitlichen Namenssystems hat sich die Wissenschaft mit den Verwandtschaftsbeziehungen zwischen allen lebenden Organismen beschäftigt. Angefangen von der gröbsten Einteilung in »Tiere« und »Pflanzen« bis zu den feinen Unterteilungen von Arten und Sorten versuchen Zoologen und Botaniker alles Leben in ein Klassifikationssystem zu bringen. Die Wissenschaft der verschiedenen Arten von Organismen und ihrer Beziehungen untereinander nennt man Systematik. Taxonomie ist die Disziplin innerhalb der Systematik, die sich mit der Entwicklung von Klassifikationssystemen beschäftigt; anhand dieser Systeme werden Organismen aufgrund bestimmter Merkmale, die allen Mitgliedern gemeinsam sind, in Gruppen (Taxa) eingeteilt. Bei der Entwicklung eines Klassifikationssystems, das auf solchen Gruppen basiert und sowohl für Botaniker, Züchter und den Erwerbsgartenbau nützlich sein soll, müssen verschiedene Interessen berücksichtigt werden. Das System muss seine wissenschaftliche Grundlage erhalten, aber auch sicherstellen, dass ein Rosengärtner zu seinem Händler gehen und eine Floribunda-Rose kaufen kann, in der Gewissheit, dass er eine öfter blühende Rose mit Blütenbüscheln erhält, die sich zu einer mittelgroßen, buschigen Pflanze entwickelt und in kälteren Regionen im Winter Schutz braucht, ebenso wie andere Floribunda-Rosen. Außerdem muss das System berücksichtigen, dass die strenge botanische Terminologie für Rosenarten und manche Alten Rosen geeignet ist, aber nicht für andere alte Gartenrosen oder gar moderne Hybriden. Das hier dargestellte Klassifikationssystem lehnt sich an das der American Rose Society (Amerikanische Rosengesellschaft) an und versucht alle oben genannten Anforderungen zu erfüllen. Allerdings zeigen weitere Forschungen und Veränderungen an diesem System das grundlegende Problem aller Klassifikationssysteme. Sie können nicht statisch und unveränderlich bleiben, sondern müssen so flexibel sein, dass sich die neuesten Entwicklungen und Erkenntnisse über die untersuchte Pflanze leicht einbauen lassen. Bei anderen Mitgliedern der World Federation of Rose Societies (Weltvereinigung der Rosengesellschaften) sind andere Klassifizierungssysteme in Gebrauch und es ist keine leichte Aufgabe, diese verschiedenen Methoden aneinander anzupassen.

'BLUEBERRY HILL'
Floribunda-Rose (Seite 80)

'QUAKER STAR'
Grandiflora-Rose (Seite 88)

'ELINA'
Teehybride (Seite 104)

'SCHOOLGIRL'
Großblütige Kletterrose (Seite 116)

WILDROSEN

Wildrosen sind die in der Natur entstandenen Vorfahren der Gartenrosen, eigentlich wilde Rosen. Von ihnen gibt es fossile Überreste, die 30 bis 40 Millionen Jahre alt sind; Rosen haben sich auf natürlichem Weg über praktisch die ganze Nordhalbkugel der Erde ausgebreitet, auf der Südhalbkugel hingegen waren sie interessanterweise nicht vertreten, gedeihen aber seit ihrer Einführung auch dort. Die Geografie spielt auch bei der Untersuchung der Wildrosen eine Rolle, da die Herkunft eine der einfachsten Möglichkeiten ist, die gesamte Pflanzengruppe übersichtlich aufzuteilen. Vier Regionen (Europa, Nordamerika, der Nahe Osten und Ostasien) gelten bei der Erforschung von Rosenarten als die natürliche Unterteilung. So ist z.B. Nordamerika der Ursprung von etwa einem Dutzend Wildrosenarten, darunter *Rosa blanda, Rosa setigera* (siehe Seite 20) und *Rosa nitida,* dazu natürlich diejenigen, die einen Ortsnamen tragen, wie *Rosa carolina, Rosa californica* und *Rosa virginiana.* Die Botaniker streiten sich noch darüber, was genau eine Wildrose ist und wie viele Arten es eigentlich gibt, über eine Zahl zwischen einhundert und zweihundert ist man sich allerdings einig. Die meisten Wildrosen sind mittelgroße bis große Sträucher und tragen fünfblättrige Blüten, wenn auch einige (etwa *Rosa roxburghii* auf Seite 16 und *Rosa banksiae lutea* auf Seite 18) mehr Blütenblätter haben und eine Art *(Rosa sericea)* nur vier hat. Sie blühen oft spärlich, besonders im Vergleich zu vielen Modernen Rosen. Viele blühen nur einmal, ebenfalls im Gegensatz zu Modernen Rosen, aber auch viele andere Gartensträucher blühen nur einmal; es lohnt sich also, Wildrosen im Garten zu pflanzen. Sie sind nicht nur wegen ihrer Blüten nützliche Gartenpflanzen, sondern auch wegen anderer interessanter Eigenschaften, etwa der blaugrünen Blätter der *Rosa glauca* (siehe Seite 20), der glänzend roten Stacheln der *Rosa sericea pteracantha,* der typischen abblätternden Rinde der *Rosa roxburghii* und der leuchtenden Hagebutten der *Rosa canina* (siehe Seite 156).

ROSA EGLANTERIA
Die Blätter der Weinrose *(syn. R. rubiginosa)* duften, besonders an nebligen Tagen, wie Kochäpfel.

WILDROSEN KOMBINIEREN

Wie aus etwa einhundert bis zweihundert Arten buchstäblich tausende von Rosen entstehen konnten, die wir heute kennen, ist nur eine Sache der Genetik, mit ein wenig Hilfe vonseiten des Menschen. Alle Rosen, vor allem Wildrosen, zeigen verschiedene Eigenschaften. So blühen zum Beispiel die Rosen, die aus dem Nahen Osten stammen, oft gelb, während jene aus Europa meist in Weiß- und Rosatönen blühen. Manche Rosen aus Ostasien kommen mehrere Male in der Saison zur Blüte, während Rosen aus anderen Regionen nur einmal blühen. Die Bestäubung durch Bienen und andere Insekten sorgte auf natürlichem Weg dafür, dass sich die Eigenschaften von verschiedenen Rosen, die dicht beieinander wuchsen, mischten, sodass neue Rosen mit verschiedenen Kombinationen dieser Merkmale entstanden. Der Handel brachte die verschiedenen Regionen in engeren Kontakt, Pflanzenliebhaber konnten Exemplare untereinander austauschen, Expeditionen in bisher unzugängliche Gebiete brachten neue Arten mit in die Zivilisation. Durch diese Kontakte konnten wieder neue Rosen entstehen. Außerdem wurde die Zucht neuer Rosen zuverlässiger und wissenschaftlicher, da die Rosenliebhaber davon abkamen, einfach mögliche Elternpflanzen dicht nebeneinander zu setzen, und stattdessen zum komplizierteren Verfahren der kontrollierten gegenseitigen Bestäubung übergingen. Auf diese Weise konnte man Rosen in der Erwartung züchten, dass sie bestimmte Eigenschaften wie mehrfaches Blühen oder die gewünschte Farbe aufweisen würden.

DIE BENENNUNG DER WILDROSEN

Alle Wildrosen tragen lateinische (oder latinisierte) Namen oder Synonyme; eigentlich dürfen nur sie als *Rosa* bezeichnet werden. Die Namen sind z.B. von ihren Entdeckern abgeleitet (*Rosa wichuraiana* nach Max Wichura, *Rosa hugonis* nach Pater Hugh), von

WILDROSEN

ROSA CAROLINA
Vermehrt sich durch Ausläufer und bildet niedrige Hecken.

ihrem Ursprungsort (*Rosa chinensis* aus China, *Rosa palustris* aus Sumpfgebieten) oder von bestimmten Eigenschaften der Pflanze oder Blüte (*Rosa multiflora,* die »Vielblütige«, *Rosa rubrifolia,* die »Rotblättrige«).

DIE SUCHE NACH WILDROSEN

Berichte vom Reichtum und der Schönheit Chinas faszinierten die Europäer seit den Tagen Marco Polos, aber solange die Navigation noch in ihren Anfängen steckte, war es so gut wie unmöglich, diesen Teil der Welt zu erreichen. Erst im 17. und 18. Jahrhundert wurde es möglich, Afrika zu umrunden, doch die chinesische Regierung zeigte sich keineswegs geneigt europäische Händler ins Land zu lassen. Langsam erschlossen Organisationen wie die englische oder niederländische Ostindische Kompanie bestimmte Regionen; ihr Hauptziel dabei war der Handel mit Tee, Seide, Gewürzen und anderen Gütern. Dabei sammelten die Vertreter dieser Handelsgesellschaften aber oft Samen einheimischer Gewächse, auch von Rosen, und es wurden sogar lebende Pflanzen nach Europa gebracht. In den 40er-Jahren des 19. Jahrhunderts waren fünf chinesische Häfen für den Handel geöffnet, aber das Landesinnere blieb unzugänglich. Etwa um diese Zeit wurde der Botaniker Robert Fortune von den Königlichen Botanischen Gärten in Kew bei London und der englischen Ostindischen Kompanie beauftragt Pflanzen und Samen aus China zu beschaffen. Wie andere Händler durfte Fortune nur Gärtnereien, Tempelgelände und private Gärten in der Nähe der Hafenstädte besuchen. Um auch andere Regionen bereisen zu können, soll Fortune die einheimische Tracht angelegt und sich den Kopf kahl rasiert haben, sodass er gerade noch einen speziell angefertigten Zopf an den verbliebenen Haaren befestigen konnte. Er warb einen chinesischen Diener an und reiste mit ihm heimlich ins Landesinnere, wo er viele Pflanzen, darunter mehrere Rosen, sammelte und nach Europa brachte. Drei Rosen - 'Fortune's Double Yellow', 'Fortune's Five Coloured Rose' und *Rosa anemoneflora* – werden Fortune zugeschrieben. Es ist allerdings nicht klar, ob die Rose, die heute als 'Fortuniana' bekannt ist, von diesem Botaniker gefunden oder nur nach ihm benannt wurde. Fortune schrieb vier Bücher über seine Abenteuer in »Fe-tee« (Blühendes Land).

Durch die Anstrengungen von Robert Fortune und anderen Pflanzensammlern wurde im späten 18. und frühen 19. Jahrhundert eine große Anzahl von neuen Arten aus China und anderen Teilen Ostasiens bekannt und westlichen Gärtnern zugänglich. Es ist zwar möglich, dass eine oder zwei Wildrosen der Entdeckung durch Pflanzensammler entgingen, doch alles in allem scheint die Gattung jetzt vollständig bekannt zu sein.

Wildrosen sind nicht nur historische Kuriositäten oder Verbindungen zur Vergangenheit. Mit ihren vielfältigen Eigenschaften, Blütenformen und Farben sind sie ein wichtiger Bestandteil des Rosenangebots, das dem Gärtner heute zur Verfügung steht.

WEITERE WILDROSEN

In diesem Buch wird eine Auswahl bedeutender Rosenarten vorgestellt. Weitere, nicht abgebildete Arten sind z. B.:

- *Rosa arkansana*
- *Rosa blanda*
- *Rosa californica*
- *Rosa gigantea*
- *Rosa gymnocarpa*
- *Rosa laxa*
- *Rosa longicuspis*
- *Rosa nitida*
- *Rosa palustris*
- *Rosa primula*
- *Rosa sempervirens*
- *Rosa soulieana*
- *Rosa stellata*
- *Rosa villosa*

ROSA CANINA
Die europäische Hundsrose ist ein beliebtes Motiv der Malerei.

ROSEN

VON LINKS NACH RECHTS, VON OBEN NACH UNTEN

ROSA NUTKANA
Diese Rose kommt in der Natur von Nordkalifornien bis Alaska vor; sie blüht rosa und bildet dicke, leuchtend rote Hagebutten.

ROSA SPINOSISSIMA LUTEA
Dies ist eine Farbvariante der Bibernellrose, die von Osteuropa bis Korea heimisch ist. Sie findet sich im Stammbaum mehrerer moderner Strauchrosen.

ROSA RUGOSA ALBA
Diese Rosenart wird auch Kartoffelrose (nach der Größe der Hagebutten) genannt; aus ihr und ihren Farbvarianten, z.B. dieser weißen, ist eine ganze Gruppe von Rosen entstanden, die Rugosa-Hybriden (siehe Seite 100). Sie ist im östlichen Russland, in Korea, Japan und Nordchina heimisch, hat sich aber bis nach Nordeuropa und ins östliche Nordamerika ausgebreitet. Die Vitamin-C-reichen Hagebutten wurden während des Zweiten Weltkriegs gesammelt, um die Ernährung der Bevölkerung zu verbessern.

ROSA ROXBURGHII
Ihre stachligen Kelche und Hagebutten erinnern an die Stachelfrüchte der Kastanie. Die botanische Bezeichnung wirkt etwas merkwürdig, denn es handelt sich hier um eine gefüllte Form der ungefüllten, fünfblättrigen Varietät *normalis* aus Westchina. Anscheinend wurde die gefüllte Variante zuerst in Europa eingeführt und benannt. So wird nun die ungefüllte Form, die üblicherweise einen zweiteiligen botanischen Namen erhält, als Varietät der gefüllten angesehen, die in der Regel eine dreiteilige, aus dem zweiteiligen Artnamen abgeleitete Bezeichnung trägt.

ROSA GALLICA
Hier ist eine Farbvariante der Urform der Gallica-Hybriden (siehe Seite 42) sowie vieler Alter Rosen und mancher Modernen Rosen zu sehen. Sie wird auch als Essigrose bezeichnet und wächst wild in Mittel- und Südeuropa bis in die Türkei und den Irak; im Osten Nordamerikas ist die Art inzwischen verwildert.

'ROSA MUNDI'
Auf die Frage, welche Rose sie ausschließlich pflanzen würden, antworten zahlreiche Gärtner mit 'Rosa Mundi'. Sie blüht zwar nur einmal in der Saison, aber nur wenige andere Rosen bieten den gleichen beeindruckenden Anblick wie dieser Sport der *Rosa gallica*. Die Geschichte ihrer Einführung in europäische Gärten ist unbekannt.

ROSEN

'GREEN ROSE' (OBEN)
Die Blüten dieser Kuriosität bestehen nur aus Kelchblättern, den grünen Teilen der Blüte, die bei der Rosenknospe normalerweise als fünf dreieckige Formen die Kronblätter schützen. Diese Sorte eignet sich besonders gut für Gestecke, da sie sich lange Zeit in der Vase hält. 'Green Rose' ist vermutlich aus *Rosa chinensis* entstanden.

'KIFTSGATE' (RECHTS)
Diese Rose ist wahrscheinlich die am höchsten wachsende Sorte. Eine 'Kiftsgate'-Pflanze im Garten von Kiftsgate Court bei Chipping Campden, England, soll eine große alte Buche überwuchert und zerstört haben. Sie gilt als Form der *Rosa filipes,* einer im Himalaja (Westchina) beheimateten Art.

ROSA BANKSIAE LUTEA (GANZ RECHTS OBEN)
Sie ist auch unter dem Namen 'Yellow Lady Banks' bekannt und wird in den warmen Klimazonen der Welt geschätzt. Sie ist eine weniger stark duftende Farbvariante der *Rosa banksiae* aus West- und Zentralchina, klettert leichter und blüht stärker als die Art oder ihre anderen Varianten. Die Art wurde zu Ehren der Ehefrau von Sir Joseph Banks benannt. Er war einer der höchstgeachteten Direktoren der Königlichen Botanischen Gärten in Kew, England.

ROSA BRACTEATA (GANZ RECHTS UNTEN)
Sie wird gelegentlich auch Macartney-Rose genannt, in Erinnerung an Lord Macartney, dessen Sekretär Sir George Staunton diese Rose auf einer Reise nach China entdeckte. Heute ist sie in Erosionsgebieten ein Segen, in anderen Regionen wird sie als wucherndes »Unkraut« verflucht, aber es bestreiten nur wenige die Schönheit ihrer Blüten. Der Name dieser Rose leitet sich von den Hochblättern her, die die Blüte umgeben.

ROSEN

ROSA FOETIDA UND ROSA FOETIDA BICOLOR
(GANZ LINKS, LINKS OBEN UND LINKS MITTE)
Der botanische Name der 'Austrian Yellow' oder Fuchsrose, die ursprünglich aus Asien stammt, verweist auf den unangenehmen Geruch der Blüte. Die Variante *bicolor*, auch 'Austrian Copper' genannt, trägt Blüten, deren Blütenblätter an der Oberseite leuchtend orangerot sind und an der Unterseite gelb. An *Rosa-foetida-bicolor*-Pflanzen schlagen oft ein oder zwei Zweige zurück, die dann gelb blühen wie die *Rosa foetida* oben.

ROSA BANKSIAE BANKSIAE (LINKS UNTEN)
Dies ist in wärmeren Klimazonen oft die erste Rose im Frühjahr, die ihren Veilchenduft verströmt. Siehe auch *Rosa banksiae lutea* auf Seite 18.

ROSA LAEVIGATA (OBEN MITTE)
Mit ihren immergrünen Blättern und großen Blüten ist die wüchsige, kletternde 'Cherokee Rose' eine attraktive Pflanze für große Gärten. Sie ist in Südostasien heimisch.

'MUTABILIS' (MITTE)
Die ungefüllten Blüten dieser Verwandten der *Rosa chinensis* ändern ihre Farbe im Laufe der Zeit von Gelb über Rosa zu Karminrot und erwecken den Eindruck, der Strauch sei von Schmetterlingen bedeckt.

ROSA RUGOSA RUBRA (UNTEN MITTE)
Diese Form der *Rosa rugosa* hat, wie viele ihrer Verwandten, nach Gewürznelken duftende Blüten, die sich in auffällige, große Hagebutten verwandeln. Siehe auch *Rosa rugosa alba,* Seite 16.

ROSA SETIGERA (GANZ RECHTS OBEN)
Die Prärierose aus Ost- und Mittel-Nordamerika ist die Urform der Setigera-Hybriden (siehe Seite 74).

ROSA GLAUCA (GANZ RECHTS UNTEN)
Das auffällige violettrote Laub und die kontrastierenden rosa Blüten zeichnen die in Mittel- und Südeuropa heimische Hechtrose aus.

ALTE GARTEN-ROSEN

Die aus der Mode bekannte Regel, dass alles einmal wiederkommt, lässt sich auch auf das wieder erwachende Interesse an Alten Rosen anwenden. Wir Menschen neigen dazu, das Alte beiseite zu schieben, um Platz für Neues zu schaffen, und so geschah es auch mit den Alten Rosen, als in den 60er-Jahren des 19. Jahrhunderts die Teehybriden aufkamen. Die sanften, eleganten Blüten der Alten Rosen wurden plötzlich von den kräftigeren Farben der Teehybriden in den Hintergrund gedrängt, deren klassische, langstielige Knospen viel besser zum Schneiden und Arrangieren geeignet waren. Sie waren auch deshalb attraktiver, weil sie mehrmals in der Saison blühten.

Je mehr moderne Rosengruppen entstanden, desto weiter gerieten die Alten Rosen ins Hintertreffen, viele Sorten wurden nicht mehr kultiviert.

Doch es zeugt von ihrer Widerstandsfähigkeit, dass so viele überlebten und entweder von traditionsbewussten Gärtnern gerettet wurden oder auf alten Friedhöfen, privaten Landsitzen und in verlassenen Gärten überlebten, bis sie von einer neuen Gärtnergeneration »entdeckt« und bewundert wurden.

Diese Rosen inspirierten die klassischen Dichter und Musiker. Sie wurden von Künstlern in großen Werken dargestellt. Ihr Abbild wurde in Wandteppiche gewoben, Kunsthandwerker verzierten damit Gegenstände wie Vasen, Tafelsilber und Porzellan. Ihr Duft inspirierte die Parfümhersteller, doch er ist flüchtig und einzigartig – bisher ist es noch nicht gelungen, ihn perfekt nachzuahmen.

Seit undenklichen Zeiten blühen Rosen überall auf der Welt, doch die Mobilität der Menschen war begrenzt, auch in zivilisierten Regionen behinderten Kriege und natürliche Gegebenheiten den Austausch; so wussten die einzelnen Länder nichts voneinander, und erst recht nichts von dem Reichtum an Rosen, der in allen Teilen der Erde blühte. In Europa waren nur Damaszener-, Alba-, Gallica-,

'REINE DES VIOLETTES'
(Remontant-Rose)
Die »Königin der Veilchen« gehört zu einer Gruppe, aus der die Teehybriden direkt hervorgingen (Seite 104).

'GLOIRE DE DIJON'
(Kletter-Teerose)
Dieser angebliche Abkömmling der Bourbon Rose 'Souvenir de la Malmaison' (siehe Seite 28 und 30) wird nur in Superlativen beschrieben.

Moosrosen und Zentifolien bekannt sowie verschiedene Wildrosen; niemand dachte an die vielen anderen Rosen, die in fernen Regionen gediehen. Erst im späten 18. Jahrhundert, als China für kurze Zeit seine Tore dem Teehandel öffnete, gelangten die remontierenden Gruppen der Tee- und Chinarosen nach Europa. Sie wurden kultiviert und mit den oben genannten europäischen Rosen gekreuzt und es entstand ein wahrer Rosenboom, der die Auswahl an Gruppen vergrößerte und die Rose der Allgemeinheit zugänglich machte. Pflanzenentdecker unternahmen weite Reisen und überstanden viele Gefahren, nur um neue Rosen aus den entlegensten Gebieten der Erde zu beschaffen. Die Alten Rosen müssen schon einen besonderen Charme haben, dass sie so geschätzt, gelobt und künstlerisch dargestellt wurden.

Viele Alte Rosen beanspruchen nicht viel Aufmerksamkeit. Sie sind weniger eindrucksvoll als Moderne Rosen, dafür aber beständiger, und sie fügen sich harmonisch in ihre Umgebung ein; eigentlich handelt es sich bei ihnen um Wildpflanzen. Es gibt für jeden Bedarf im Garten eine passende Alte Gartenrose, von Kübelpflanzen über Solitärsträucher bis zu Kletter- oder Beetpflanzen. Viele sind resistenter gegen Krankheiten als die meisten Modernen

'MARÉCHAL NIEL' (Noisette)
Noisettes werden in wärmeren Regionen sehr geschätzt wegen ihrer duftenden Blüten in Frucheisfarben. Siehe Seite 62.

Rosen und müssen kaum beschnitten werden. Sie blühen fein und elegant bis kräftig in Farben von zartem Perlmuttrosa bis zum dunkelsten Violett, vom blassesten Gelb bis Feuerrot. Wer durch einen Garten mit blühenden Alten Rosen geht, erlebt eine Welt von Düften, die nur als berauschend zu bezeichnen ist. Der Duft Alter Rosen ist die beste Aromatherapie. An einem Frühjahrsmorgen erinnert er an weniger hektische Zeiten ohne weiteres vor 100 Jahren aus einem Strauch in einem tausende von Kilometern entfernten Land hervorgegangen sein. Die Alten Gartenrosen sind in der Tat inspirierende Pflanzen. Daher ist es kein Wunder, dass diese Aristokraten der Gattung *Rosa* so lange am Leben geblieben sind und nun wieder ihren rechtmäßigen Platz in den Gärten und Herzen der Menschen erhalten.

ALTE GARTENROSEN ERHALTEN

Alte Gartenrosen waren in den Bauerngärten und den Gärten der Landsitze des 18. und 19. Jahrhunderts beliebt. Im Laufe der Jahre wurden sie von den Modernen Rosen abgelöst, bis sie fast in Vergessenheit geraten waren. Doch mit der Zeit entdeckten die Gärtner die guten Eigenschaften der Alten Rosen wieder und viele von ihnen wurden aus alten Gärten wieder erweckt und in den Handel gebracht. Dieses Verfahren ist noch heute üblich. Vielleicht klingt es ein wenig illegal, aber Rosen zu »organisieren« ist an sich ein bewundernswertes Vorhaben. Pflanzenfreunde suchen Pflanzen auf alten Friedhöfen, überwucherten Höfen verlassener Häuser und in den Gärten solcher Zeitgenossen mit grünem Daumen, die alles sammeln und kultivieren, was sie finden – auch Omas Rosenstrauch. Sie versuchen die Pflanze in ihrer natürlichen Umgebung zu erhalten, was oft bedeutet Unkraut zu jäten und wuchernde Pflanzen zurückzuschneiden. Manche auf diesem Weg entdeckten Rosen werden vermehrt und über den Handel oder nichtkommerzielle Wege verteilt. Ihre ursprünglichen Namen sind vielleicht nicht mehr bekannt, aber die Pflanzen selbst werden noch immer von Rosenfreunden geschätzt, wie vor vielen Jahren, als sie ganz neu gezüchtet wurden.

Weitere Informationen über Gruppen, die sich mit der Zucht und Erhaltung Alter Rosen beschäftigen, finden Sie im Adressenverzeichnis auf Seite 160.

und verleiht die Muße, sich das geruhsamere Leben vergangener Epochen vorzustellen. Die Rose, die vor Urgroßmutters Tür blühte, kann durchaus die Gleiche sein wie jene, die jetzt im Garten Ihres Rosen züchtenden Freundes so süß duftet. Manche dieser Rosen sind als sorgsam gehütete Stecklinge über Meere, Kontinente und Gebirge gereist, bis sie in der neuen Heimat Wurzeln schlagen konnten. Es ist daher kein Wunder, dass sie eine solch starke Wirkung haben, denn wie jeder Mensch seine Geschichte hat, so haben auch viele dieser Rosen einiges erlebt. Die Sorte, die wir heute so sehr bewundern, kann

ROSA X CENTIFOLIA
(Zentifolie)
Die Kohlrose wird seit 1596 kultiviert und ist der Prototyp der Zentifolien (siehe Seite 32). Der Gruppenname bedeutet wörtlich »Hundertblatt« und bezieht sich auf die zahlreichen Kronblätter, wie sie viele Sorten aufweisen. Kohlrosen sind schon seit Jahrhunderten beliebte Motive für Blumenmaler, Stoffdesigner und Grußkartenhersteller.

ALBA

Es heißt, die Alba-Rosen seien aus einer Kreuzung zwischen einer Gallica-Rose (siehe Seite 42) und der *Rosa canina,* der Hundsrose (siehe Seite 15), entstanden. Die frühen Alba-Rosen waren bei den europäischen Rosenzüchtern wegen ihrer duftenden, gefüllten oder halbgefüllten Blüten sehr beliebt und das englische Fürstenhaus York wählte eine Alba-Rose als Wappenblume. Die Rosen dieser Gruppe blühen einmal im späten Frühjahr oder Frühsommer; die typischen blau- oder graugrünen Blätter bilden einen Kontrast zu den weißen, cremefarbenen oder pastellrosa Blüten. Die Sträucher sind robust, manche werden 2,50 bis 2,80 m hoch. Viele sind gegen die häufigsten Rosenkrankheiten resistent und die Gruppe insgesamt gedeiht an halbschattigen und schattigen Standorten eher als andere Alte Rosen.

'CELESTIAL'
Diese wüchsige, bis 1,50 m hohe Rose ist auch unter dem Namen 'Celeste' bekannt und hat fast durchscheinende Blütenblätter.

'GREAT MAIDEN'S BLUSH' (RECHTE SEITE)
Diese Rose gilt als eine der schönsten Alten Rosen, durch ihre schweren Blüten neigen sich die Triebe nach unten. Sie ist eine größere Variante der 'Maiden's Blush' (siehe links).

'MAIDEN'S BLUSH'
Sie ist zwar kleiner als 'Great Maiden's Blush', duftet aber ebenso intensiv und verführerisch.

'ALBA SEMI-PLENA'
Alba-Rosen waren bei Künstlern sehr beliebt und wurden oft in Werken dargestellt. Die Rosensorte in Botticellis Gemälde »Die Geburt der Venus« ist höchstwahrscheinlich 'Alba Semi-Plena'.

Alba

Von links nach rechts, von oben nach unten

'MME PLANTIER' (OBEN)
Sie wurde auch von der Schriftstellerin und Gärtnerin Vita Sackville-West in ihrem weltberühmten, zu besichtigenden Garten von Sissinghurst Castle in England angepflanzt.

'MME LEGRAS DE ST GERMAIN'
Mit der richtigen Stütze ist dies eine attraktive Kletterrose.

'FÉLICITÉ PARMENTIER'
Die Parmentiers waren eine berühmte französische Blumenzüchterfamilie im frühen 19. Jahrhundert.

'BELLE AMOUR'
Sie wurde eine Zeit lang nicht mehr kultiviert und erst 1940 in einem Kloster in der Normandie entdeckt und wieder vermehrt.

'KÖNIGIN VON DÄNEMARK'
Unter den eher blassen Alba-Rosen ist sie eine der farbenfroheren.

'WEISSE ROSE VON YORK'
Sie spielte in der englischen Geschichte als Wappenblume des Hauses York eine Rolle und ist möglicherweise dieselbe Sorte wie 'Alba Semi-Plena' (siehe Seite 24).

'ALBA MAXIMA'
Diese schöne Rose hat viele Künstler inspiriert und spielt daher eine große Rolle in der europäischen Kultur.

BOURBON

Die ersten Bourbon-Rosen entstanden aus einer natürlichen Kreuzung einer Chinarose ('Old Blush', siehe Seite 40) und 'Autumn Damask' (siehe Seite 36), die vermischt in Hecken auf der Île de Bourbon (heute Réunion) im Indischen Ozean wuchsen. Diese Gruppe war besonders um die Mitte des 19. Jahrhunderts beliebt, kommt aber auch in den letzten Jahren wieder zu ihrem Recht. Der Stammbaum der Bourbon-Rosen ist kompliziert und wurde auch schon in weitere Gruppen unterteilt. So zeigen einige Bourbon-Rosen ihre Abstammung von der Chinarose durch schlanke, überhängende Triebe und typische Chinarosen-Blüten, während andere mit kräftigen Trieben und der entsprechenden Blütenform eher die Damaszener-Vorfahren betonen. Viele Sorten blühen zuverlässig mehrmals im Jahr, während es bei anderen nur selten dazu kommt. Sie sind im Allgemeinen weniger winterhart als Remontant-Rosen (siehe Seite 50).

'SOUVENIR DE LA MALMAISON'
Diese Rose ist nach dem Schloss von Kaiserin Joséphine benannt und gilt als eine der besten ihrer Gruppe. Auf Seite 30 ist die bekanntere rosa Variante zu sehen.

'LOUISE ODIER' (RECHTE SEITE)
Diese Rose wurde häufig in französischen Kreuzungsprogrammen verwendet. Sie zeigt die üppige, volle Form, die für viele Rosen dieser Gruppe typisch ist.

'MME ISAAC PÉREIRE'
Diese Rose ist nach der Frau eines Pariser Bankiers aus der Zeit Napoleons III. benannt.

BOURBON

Von links nach rechts, von oben nach unten

'VARIEGATA DI BOLOGNA' (OBEN)
Diese hoch wachsende Rose schlägt gelegentlich auf die Elternsorte 'Victor Emmanuel' zurück und bildet einfarbige Blüten ohne Zeichnung.

'ZÉPHIRINE DROUHIN'
Im Gegensatz zu anderen Rosen, die diesen Anspruch erheben, ist sie wirklich stachellos! Sie eignet sich für Rosenbögen und Pergolen, die viel besucht werden, etwa am Eingang oder in einem Garten.

'BOULE DE NEIGE'
Der Name bedeutet »Schneeball«, denn so sehen die kugeligen Blüten aus. Ihre weiße Farbe wird von den dunkelgrünen Blättern betont.

'HONORINE DE BRABANT'
Niemand weiß, nach wem diese Rose benannt wurde und wo sie herstammt. Die Anziehungskraft der gestreiften und gefleckten Blüten hingegen wirkt auf jeden.

'SOUVENIR DE LA MALMAISON'
Sie wurde nach dem Haus Napoleons und der Kaiserin Josephine benannt. Das Bild auf Seite 28 zeigt den Apricot-Ton, den die Blüten annehmen, wenn sie in mildem Klima wie z.B. in England wachsen.

'MME PIERRE OGER'
Diese elegante Kreation wurde nach der Mutter des französischen Entdeckers M.A. Oger benannt. Sie entstand aus der berühmten 'La Reine Victoria', einer kräftig rosa blühenden Bourbon-Rose.

'MME ERNEST CALVAT'
Ein Sport der 'Mme Isaac Péreire' (siehe Seite 28), der von der Witwe des Züchters J. Schwartz entdeckt und eingeführt wurde.

ZENTIFOLIEN

Da es keine zuverlässigen Aufzeichnungen über den Ursprung der Kohlrose, der Urform dieser Klasse, gibt, blieb es der modernen Zytologie (Zellforschung) vorbehalten, festzustellen, dass es sich um eine komplexe Hybride und nicht um eine Art handelt. Man weiß, dass die frühe Zentifolien-Zucht im 16. und 17. Jahrhundert vor allem in den Händen der Holländer lag. Die duftenden Blüten entstehen nur einmal im Jahr, sind kugelförmig und stark gefüllt, sodass sie »hundertblättrig« wirken. Wegen der vielen Blütenblätter und der schwachen Triebe hängen die meist rosa gefärbten Blüten oft herab. Die Kelchblätter sind meist lang und oft von Drüsen bedeckt. Die Sträucher dieser Gruppe sind in der Regel groß und ausladend, ihre überhängenden Triebe tragen grob gesägte Blätter und große und kleine Stacheln.

'PETITE DE HOLLANDE'
Diese alte Gartenrose eignet sich für Kübel: Die kleinen Blüten wachsen in Büscheln an einer mittelgroßen Pflanze.

'TOUR DE MALAKOFF' (RECHTE SEITE)
Die kräftige Magentafarbe der Blüte verblasst im Laufe der Zeit zu einem feinen Fliedergrauton

'FANTIN-LATOUR'
Diese Rose wurde nach dem berühmten französischen Stilllebenmaler benannt. Der beste Platz für sie ist neben einem kurzstämmigen, im Frühjahr blühenden Baum; mit etwas Unterstützung am Anfang wächst sie in den Baum hinein und sorgt für eine zweite Blüte.

DAMASZENER-ROSEN

Es gibt zahlreiche Berichte darüber, dass die Bürger des römischen Weltreiches die Damaszenerrosen sehr schätzten, daher gelten sie als mit die ältesten Gartenrosen. Die stark duftenden, halbgefüllten bis gefüllten Blüten sind in der Regel weiß oder rosa, stehen in kleinen Büscheln und wachsen meist an kurzen Blütenzweigen. Manche Sorten haben einen typischen Knopf im Zentrum der Blüte. Mit wenigen Ausnahmen blühen die Damaszenerrosen nur einmal. Viele Damaszenersorten bilden große Sträucher mit kräftigen Trieben und dichter Bestachelung, andere hingegen, z.B. 'Rose de Resht', erinnern im Habitus an Teehybriden und Floribunda-Rosen. Die Blätter der winterharten Sträucher sind groß, graugrün und samtig mit tief gesägten Rändern.

'CELSIANA'
In den Werken des holländischen Malers van Huysum ist die 'Celsiana' häufig dargestellt. Sie verblasst mit der Zeit fast zu Weiß (siehe Bild auf Seite 36).

'ISPAHAN' (RECHTE SEITE)
Der Name erinnert an die frühere Hauptstadt von Persien (Esfahan). Die Stadt war voller Rosen, man weiß aber nicht, ob 'Ispahan' dort wuchs.

'ROSE DE RESHT'
Diese ungewöhnlich dunkle Damaszenerrose wurde in den 40er-Jahren des 20. Jahrhunderts von der englischen Schriftstellerin und Gartengestalterin Nancy Lindsay wieder entdeckt und kultiviert.

Damaszener Rosen

Von links nach rechts, von oben nach unten

'AUTUMN DAMASK' (OBEN)
Vielleicht ist dies die »Rose von Paestum«, die von den klassischen Autoren erwähnt wird. Sie wird auch als »Rose de Quatre Saisons« oder botanisch als *Rosa damascena semperflorens* bezeichnet.

'CELSIANA'
Die Blüten der 'Celsiana' sind zuerst kräftiger rosa (siehe Seite 34), werden aber mit der Zeit weiß und behalten nur einen leichten Rosaton.

'LA VILLE DE BRUXELLES'
Die Rose wurde zwar in Frankreich gezüchtet, aber nach der belgischen Hauptstadt benannt. Sie kann 1,50 m und höher werden, wenn sie richtig gestützt und beschnitten wird.

'MME HARDY'
1832 benannte der Rosenzüchter Eugène Hardy diese Rose nach seiner Frau. Sie gilt noch immer als eine der besten weißen Rosen, die je gezüchtet wurden. Besonders interessant ist das grüne »Auge« in der Mitte der sorgfältig arrangierten weißen Blütenblätter.

'KAZANLIK'
Diese Rose, auch 'Trigintipetala' genannt, wird auf Feldern angebaut, um Rosenöl zu gewinnen, jene dicke, ölige Substanz, die von Parfümherstellern sehr geschätzt wird. Es wird noch immer nach einer jahrhundertealten Methode aus den Blüten destilliert.

'LEDA'
Der Name dieser Rose erinnert an die mythische Königin, die von Zeus in Gestalt eines Schwans verführt wurde. Sie wird aber auch 'Painted Damask' genannt.

'MARIE LOUISE'
Obwohl diese Rose in Malmaison, in den Gärten der Kaiserin Josephine, entstand, wurde sie nach Napoleons zweiter Frau benannt.

CHINAROSEN-HYBRIDEN

Die Chinarosen sind wahrscheinlich der wichtigste Beitrag des Fernen Ostens zur Rosenzucht. Sie blühen, im Gegensatz zu den nur einmal blühenden Alten Gartenrosen europäischer Herkunft, den ganzen Sommer. Als diese beiden Klassen kombiniert wurden, zeigten ihre Nachkommen die hoch geschätzte Eigenschaft, mehrmals zu blühen. Die einfachen oder halbgefüllten Blüten der Chinarosen duften in der Regel nur schwach und stehen in Büscheln. Die Blüten vieler Chinarosen ändern mit der Zeit ihre Farbe, oft werden sie deutlich dunkler. Es gibt zwar kletternde Chinarosen, doch die meisten sind niedrige Sträucher, die 1 bis 1,20 m hoch werden. Ihre feinen, schlanken Triebe tragen kleine, glänzende, hellgrüne Blätter. Die Pflanzen sind einigermaßen krankheitsresistent und etwas weniger winterhart als Teehybriden und Floribunda-Rosen. Viele Chinarosen eignen sich gut für Kübel, besonders in kälteren Regionen.

'HERMOSA'
Manche Fachleute sind der Meinung, dass diese Rose eher den Bourbon-Rosen (siehe Seite 28) zuzurechnen ist. Oberflächlich erinnert sie an 'Old Blush' (siehe Seite 40), aber die Blüten haben mehr Blütenblätter und die Pflanze ist kompakter.

'CRAMOISI SUPÉRIEUR'
»Cramoisi« ist das französische Wort für Karminrot. Diese Rose hat sich aus der Kultur verselbstständigt und wächst jetzt wild auf den Bermudas.

'PINK PET'
Die 'Pink Pet' mit ihren kleinen, flachen, stark gefüllten Blüten mit Knopfauge wurde viel später eingeführt als die meisten anderen Chinarosen-Hybriden (1928).

CHINAROSEN-HYBRIDEN

Von links nach rechts, von oben nach unten

'POMPON DE PARIS' (LINKS)
Im 19. Jahrhundert war sie als Kübelpflanze sehr beliebt und ist auch heute noch eine geeignete Topfpflanze.

'SLATER'S CRIMSON CHINA' (OBEN)
Diese genetisch wichtige Rose galt schon als ausgestorben, wurde dann aber wieder entdeckt und in Gärten angepflanzt. Zusammen mit 'Old Blush' (siehe unten) kam sie in der zweiten Hälfte des 18. Jahrhunderts nach Europa und brachte die genetische Anlage zum mehrmaligen Blühen mit. Die meisten roten Modernen Rosen gehen auf 'Slater's Crimson China' zurück, die neben anderen Eigenschaften auch die weiße Färbung auf den äußeren Kronblättern vieler roter Moderner Rosen vererbte.

'ERZHERZOG KARL'
In einem Büschel dieser Rose, die nach dem Vater des Kaisers Franz Joseph benannt wurden, gibt es keine zwei Blüten, die gleich aussehen.

'EUGENE DE BEAUHARNAIS'
Benannt nach dem Prinzen Eugène, dem Bruder der Kaiserin Joséphine.

'LOUIS PHILLIPE'
Diese Rose wurde während der Regierung des »Bürgerkönigs« in Frankreich eingeführt.

'OLD BLUSH'
Ebenso wie 'Slater's Crimson China' (siehe oben) spielte diese Rose eine große Rolle in der Entwicklung der Modernen Rosen, indem sie die Eigenschaft des mehrmaligen Blühens verstärkte.

GALLICA-HYBRIDEN

Wie die Damaszenerrosen (siehe Seite 34) waren die Gallica-Rosen im römischen Reich sehr beliebt. Diese Klasse ist nicht nur wegen ihres Alters bemerkenswert, sondern auch, weil sie im Stammbaum anderer Rosenklassen eine Rolle spielt. Gallica-Blüten, die ihren würzigen Duft auch noch behalten, wenn sie getrocknet sind, entstehen einzeln oder in kleinen Büscheln, manchmal auch sehr zahlreich. Sie sind klein bis mittelgroß und meist halb- oder stark gefüllt. Ihre lebhaften Farbmuster (siehe z. B. 'Camaieux' auf Seite 45) brachten einigen von ihnen den Spitznamen »verrückte Gallica« ein, da ihre unregelmäßigen Muster als Anzeichen geistiger Labilität angesehen wurden. Gallica-Rosen blühen nur einmal im Jahr und gehören zu den besonders winterharten Alten Rosen. Die Sträucher bleiben niedrig und breiten sich leicht durch Ausläufer aus.

'CHARLES DE MILLS' (OBEN UND RECHTE SEITE)
Die Blütenblätter fühlen sich wie Samt an. Und trotzdem kommt niemand vorbei und schneidet den oberen Rand der Blüten ab, wenn sich die Knospen öffnen. Nur wenige andere Alte Gartenrosen zeigen diese unglaublich volle, flache Form. Manchmal wird diese Rose auch 'Bizarre Triomphante' genannt.

'COMPLICATA'
Der Name bezieht sich auf die Falte in den einzelnen Kronblättern. Die Pflanze wird für eine Gallica-Rose sehr groß und eignet sich daher zum Erziehen an einem großen Strauch.

Gallica-Hybriden

Von links nach rechts, von oben nach unten

'ALAIN BLANCHARD' (OBEN)
Dies ist eine der »verrückten« Gallica-Rosen, die wegen ihrer auffälligen Farbmuster und Flecken so genannt werden.

'ROSE DU MAÎTRE D'ÉCOLE'
Diese Rose ist nicht nach einem Schulmeister benannt, sondern nach einem Dorf bei Angers.

'CAMAIEUX'
Der Name bezieht sich auf den Begriff »en camaïeu« für einen Stoff, der einfarbige Muster auf einem passenden oder kontrastierenden Hintergrund aufweist. Eine weitere »verrückte« Gallica.

'BELLE ISIS'
Nach der ägyptischen Göttin der Liebe, Weisheit und Schönheit benannt. Sie ist eine Elternpflanze der 'Constance Spry', der ersten von David Austins Englischen Rosen (siehe Seite 136).

'TUSCANY'
Nach Ansicht der Wissenschaftler ist dies die 'Velvet Rose', die von dem bekannten Botaniker John Gerard in seinem »Herbal« von 1596 beschrieben wird.

'CARDINAL DE RICHELIEU'
Kardinal Richelieu war 18 Jahre lang Minister für Ludwig XIII. Diese üppig blühende Gallica-Rose verschwindet manchmal unter einem Blütenteppich in luxuriösem Purpur.

'LA BELLE SULTANE'
Diese Schönheit hat einige Kronblätter zu viel, um als ungefüllt bezeichnet zu werden.

GALLICA-HYBRIDEN

'SUPERB TUSCAN' (LINKS OBEN)
Diese Alte Gartenrose entstand noch vor 1837 und wird manchmal mit 'Tuscany' (siehe Seite 44) verwechselt, die aber weniger Kronblätter hat.

'TRICOLORE DE FLANDRE' (LINKS UNTEN)
Der Name erinnert an die Flagge des mittelalterlichen Flandern.

'ALIKA' (OBEN)
Die Blüten dieser sehr winterharten Rose sind ungefüllt bis gefüllt, eine sehr ungewöhnliche Eigenschaft bei Alten wie Modernen Rosen.

'DUC DE GUICHE' (RECHTS)
In der französischen Familie de Guiche gibt es zahlreiche Politiker und Diplomaten.

ROSEN

MULTIFLORA-HYBRIDEN

Die Rosen dieser Klasse stammen von Kreuzungen zwischen *Rosa multiflora,* einer orientalischen Art, und anderen Rosenklassen wie Damaszener-, Gallica-, Remontant- und Noisette-Rosen ab. Sie bilden ungefüllte bis gefüllte, meist duftende kleine Blüten in großen Büscheln, die in den ersten Sommerwochen einen farbenfrohen Anblick bieten; danach entwickeln sich die bis zu 7,50 m langen Triebe, die im nächsten Jahr Blüten tragen. Je nach Sorte haben sie mehr oder weniger Stacheln. Multiflora-Hybriden sind sehr winterhart und leicht zu kultivieren. Manche Hybriden wurden, ebenso wie die ursprüngliche Art *Rosa multiflora,* in den letzten Jahrzehnten bevorzugt als Unterlage verwendet.

'RUSSELLIANA' (OBEN)
Ihr Duft erinnert eher an Damaszenerrosen als an andere Multiflora.

'CHEVY CHASE'
Die Rose wurde nicht nach einem Menschen benannt, sondern nach dem Heimatort ihres Züchters Neils Hansen; sie gehört zu den beliebtesten ihrer Klasse.

'VEILCHENBLAU' (RECHTE SEIT
Dieser Klassiker von 1909 wird au
»Die blaue Rose« genannt, weil die Blüte
mit der Zeit bläulich violett werde

REMONTANT-ROSEN

Der Name dieser Gruppe bezieht sich darauf, dass diese Rosen zuerst sehr stark blühen und danach, bis zum Ende der Saison, weiterhin wenige Blüten bilden, also remontierend sind. Die Gruppe entstand Anfang des 19. Jahrhunderts durch die Kreuzung öfter blühender Bourbon-Rosen mit Portland-Rosen und anderen Gruppen. Remontant-Rosen waren um 1900 sehr beliebt und es gab etwa 2.800 Sorten. Manche der im 20. Jahrhundert entstandenen Sorten erinnern in der Form an Teehybriden; tatsächlich wurden diese Edelrosen aus Remontant- und Teerosen gezüchtet. Die winterharten Sträucher werden bis zu 1,80 m hoch, manche Sorten haben sich sogar zu Kletterrosen entwickelt.

'BARONNE PRÉVOST'
Dies ist eine der ersten Remontant-Rosen, die in den Handel kamen, und bildet sehr große, dicht mit Kronblättern besetzte Blüten.

'MRS JOHN LAING' (RECHTE SEITE)
Diese auch auf magerem Boden wüchsige Rose unterscheidet sich von ihren Nachbarn vor allem durch die ungewöhnliche fliederrosa Farbe.

'ROGER LAMBELIN'
Der einzigartige weiße Rand und die ungewöhnliche Form der Kronblätter hebt diese Rose unter anderen hervor. Sie gedeiht gut bei etwas mehr als der üblichen Pflege.

REMONTANT-ROSEN

Von links nach rechts, von oben nach unten

'FERDINAND PICHARD' (OBEN)
Sie kam 1921 als eine der letzten Remontant-Rosen auf den Markt und wird von manchen Fachleuten als Bourbon-Rose angesehen (siehe Seite 28).

'AMERICAN BEAUTY'
Die nicht kletternde Variante wurde besonders in der Schnittblumenindustrie bekannt. Die tiefrosa Farbe und die Blütenform weichen jedoch von der üblichen Vorstellung von dieser Rose ab.

'BARONESS ROTHSCHILD'
Die Farbabstufungen erinnern an das Muster mancher Chinarosen-Hybriden (siehe Seite 38). Die Struktur der Kronblätter ist zart und seidig.

'ENFANT DE FRANCE'
Im Vergleich zur 'Baroness Rothschild' fühlen sich die Kronblätter dieser Rose samtig an.

'ANNA DE DIESBACH'
Diese Schöpfung mit ihren dicht sitzenden Kronblättern ist der Tochter der Gräfin Diesbach aus der Schweiz gewidmet.

'GÉNÉRAL JACQUEMINOT'
Der Name stammt von einem weniger bedeutenden General der französischen Geschichte, aber die Sorte ist ein Grundstein der Rosenzucht: Viele der heutigen roten Rosen gehen auf sie zurück.

'MABEL MORRISON'
Graugrüne Blätter verbergen die zahlreichen Stacheln an den Trieben dieses erfrischenden weißen Sports der 'Baroness Rothschild'.

Remontant-Rosen

Von links nach rechts, von oben nach unten

'Ulrich Brunner Fils' (oben)
»Fils« ist das französische Wort für Sohn. Ulrich Brunner junior war Rosenzüchter in Lausanne.

'Marchesa Boccella'
Ihre Kronblätter sind kleiner und zahlreicher als die anderer Remontant-Rosen. Die Pflanze bleibt kleiner und kompakter als andere dieser Gruppe.

'La Reine'
Der Name bedeutet »die Königin«. In den Zuchtunterlagen wird die Zahl der Blütenblätter mit 78 angegeben.

'Frau Karl Druschki'
Diese Rose wurde 1901 eingeführt, gilt aber immer noch als eine der besten weißen Rosen. Sie braucht viel Platz für ihre überhängenden Triebe.

'Waldfee'
Die Waldfee wurde erst sehr spät, 1960, eingeführt. Sie gehört zu den wenigen Rosen mit wenigen Blütenblättern in dieser Gruppe, die für ihre gefüllten Blüten bekannt ist.

'Paul Neyron'
Diese Rose bildet nicht nur Blüten, die leicht bis zu 20 cm Durchmesser erreichen, auch der Habitus der Pflanze ist Ehrfurcht gebietend.

'Sydonie'
Die flachen, geviertelten Blüten (deren Blütenblätter klar in meist vier Gruppen gegliedert sind), verströmen einen Duft, der an Damaszenerrosen erinnert (siehe Seite 34).

ROSEN

MOOS-ROSEN

Obwohl es nur wenige Belege für ihren wahren Ursprung gibt, gelten Moosrosen als Sports (Mutationen) von Zentifolien (siehe Seite 32) und Damaszenerrosen (siehe Seite 34). Diese Sports zeigten als neue Eigenschaft stachelige Auswüchse an Kelchblättern und Trieben, die das moosige Aussehen hervorrufen, dem diese Rosenklasse ihren Namen verdankt. Moosrosen waren besonders vom späten 18. Jahrhundert bis Ende des 19. Jahrhunderts beliebt. Die Versuche der damaligen Rosenzüchter, remontierende Moosrosen hervorzubringen, waren allerdings erfolglos, denn die öfter blühenden Sorten zeigten wenig Moos. Die nicht kletternden Sorten bilden meist mittelhohe Sträucher, manche bleiben allerdings so niedrig, dass sie sich auch für kleine Gärten eignen.

'ALFRED DE DALMAS'
Ein kompakter Strauch, der höchstens 1 m hoch wird. Im Gegensatz zu den meisten Moosrosen blüht 'Alfred de Dalmas' mehrmals.

'COMMUNIS' (RECHTE SEITE)
Sie wird seit Jahrhunderten in zahlreichen Gärten kultiviert und daher auch 'Common Moss' (Gemeine Moosrose) genannt.

'CRESTED MOSS'
Das auffällige Moos dieser Rose legte diesen Namen und das Synonym 'Chapeau de Napoléon' (Napoleons Hut) nahe: Es ist häufig wie ein Dreispitz angeordnet.

'COMMUNIS'
Das nach Kiefern duftende Moos und die nach Rosen duftenden Kronblätter ergeben eine außergewöhnliche Duftmischung (siehe auch das große Bild rechts).

Moosrosen

Von links nach rechts, von oben nach unten

'NUITS DE YOUNG' (OBEN)
Die mit 4 cm Durchmesser eher kleinen Blüten zeigen sich in violettschwarzen Farbtönen, die bei Moosrosen eher selten sind.

'DEUIL DE PAUL FONTAINE'
Der Name bedeutet wörtlich »Trauer um Paul Fontaine«, den Züchter dieser Rose. Sie ist eine der seltenen Moosrosen, die mehr als einmal in der Saison blühen.

'GÉNÉRAL KLÉBER'
Diese reichlich bemooste Rose ist nach einem Kommandanten Napoleons im Feldzug gegen Ägypten benannt.

'MME DE LA ROCHE-LAMBERT'
Durch das üppige Moos wirken die Triebe dieser Rose fast stachellos. Bei guter Behandlung entwickeln sich manchmal noch einige Blüten nach der normalen Blütezeit.

'GLOIRE DES MOUSSEUSES'
Ihre elegant angeordneten Blüten von 4 cm Durchmesser erklären, wie der überschwängliche Name zustande kam.

'OLD RED MOSS'
Der eigentliche Name und das Einführungsjahr dieser vermutlich sehr alten Rose sind nicht bekannt.

'COMTESSE DE MURINAIS'
Diese wüchsige Rose wird bis zu 1,80 m hoch und ist damit eine der größten Moosrosen. Ihr Moos fühlt sich ungewöhnlich borstig an.

ROSEN

NOISETTE

Der Ursprung dieser Rosenklasse lässt sich auf eine Kreuzung zwischen der öfter blühenden Chinarose 'Old Blush' (siehe Seite 40) und der weißen *Rosa moschata* zurückverfolgen. Es ist noch unklar, ob die Kreuzung auf natürlichem Weg zufällig entstand oder ob es sich um eine gezielt durchgeführte Kreuzung durch den Amerikaner John Champneys handelte. In jedem Fall war das Ergebnis die Rose 'Champney's Pink Cluster' (siehe unten), die in den Stammbäumen vieler Rosen dieser Klasse vorkommt. Die meisten Noisette-Rosen sind elegante Kletterpflanzen, die kleine bis üppige Büschel duftender Blüten in Weiß, Rosa und Gelb hervorbringen. Die Pflanzen gedeihen am besten in milden Gegenden, vertragen bei gutem Winterschutz aber auch längere Frostperioden.

'NASTARANA'
Diese regionale Variante der *Rosa moschata* soll 1879 aus Persien (dem heutigen Iran) eingeführt worden sein.

'LAMARQUE' (RECHTE SEITE)
Diese wüchsige Rose wurde von einem Amateurzüchter eingeführt und bildet stark duftende, attraktiv nickende Blüten.

'CHAMPNEY'S PINK CLUSTER'
Diese Rose war die erste dieser Klasse und trägt große Blütenbüschel, deren Duft und Farbe an die Elternpflanzen erinnern (siehe Einführungstext).

Noisette

Von links nach rechts, von oben nach unten

'JAUNE DESPREZ' (OBEN)
Sie galt einmal als eine der am besten duftenden Rosen und ihr Duft bezaubert auch heute noch.

'AIMÉE VIBERT'
Diese Rose wurde nach der Tochter ihres Züchters benannt; das Synonym 'Nivea' erinnert an die Schönheit frisch gefallenen Schnees.

'MARÉCHAL NIEL'
Der Kriegsminister Napoleons III. ist der Namenspatron dieser Rose. Sie war früher sehr beliebt, für Floristen bildete sie eine zuverlässige Einnahmequelle. Noch heute schätzen sie viele Freunde der Alten Rosen.

'MME ALFRED CARRIÈRE'
Im Jahr 1908 wurde diese Rose von der Königlichen Englischen Rosengesellschaft (Royal National Rose Society) zur »besten weißen Kletterrose« gewählt; unter günstigen Bedingungen zeigen ihre Blüten einen Hauch von Rosa.

'RÊVE D'OR'
Der »goldene Traum« besteht vor allem aus zarten Pfirsichtönen.

'ALISTER STELLA GRAY'
In dieser pastellfarbenen Kreation lebt das Andenken an einen Verwandten des Züchters Alexander Hill Gray weiter.

'CÉLINE FORESTIER'
Der Züchter Trouillard benannte diese Rose nach einer seiner besten Freundinnen.

PORTLAND

Der Name dieser Klasse geht auf eine Rose aus dem späten 18. Jahrhundert zurück, die nach der zweiten Herzogin von Portland benannt wurde. Die ursprünglich öfter blühende Portland-Rose soll aus einer Kreuzung zwischen 'Autumn Damask' (siehe Seite 36) mit der Apothekerrose (siehe Seite 10) entstanden sein. Französische Züchter erkannten schnell die Bedeutung der mehrfachen Blüte und begannen ein Zuchtprogramm, aus dem zahlreiche duftende, frostbeständige Sorten mit vielen Blütenblättern hervorgingen. Leider überlebten nur wenige Portland-Rosen den Höhepunkt ihrer Popularität in den 40er-Jahren des 19. Jahrhunderts, als das mehrmalige Blühen das Interesse vieler Rosenfreunde erweckte. Die Blüten sitzen an einem kurzen Blütenstiel, sodass die Blätter direkt unter dem Blütenansatz wie ein Kragen wirken. Die Sträucher sind in der Regel klein und kompakt und somit ideal für kleine Gärten, haben aber meist stachelige Triebe.

'ROSE DU ROI'
Diese Rose spielte eine große Rolle bei der Zucht der Remontant-Rosen (siehe Seite 50).

'MME KNORR' (RECHTE SEITE)
Eine stark duftende Rose mit geheimnisvoller Vergangenheit: Ihre Herkunft ist unbekannt.

'COMTE DE CHAMBORD'
Der Name erinnert an den Enkel König Karls X. Er starb im Exil, nachdem er auf die französische Krone verzichtet hatte.

'ARTHUR DE SANSAL'
Benannt nach dem bekannten Gärtner, der viel Mühe auf die Züchtung neuer Rosen verwendete.

ROSEN

TEE-ROSEN

Eine der ersten Teerosen, die im 19. Jahrhundert nach Europa kamen, war die rosafarbene 'Hume's Tea-scented China'. Diese und andere Rosen aus China wurden oft auf Schiffen nach Europa gebracht, die Teeblätter transportierten. Die Züchter erkannten schnell die Bedeutung des mehrmaligen Blühens dieser Rosen und der damals seltenen gelben Blütenfarbe. Mit der Zeit entstanden aus den Teerosen die heute äußerst beliebten Teehybriden (siehe Seite 104). Teerosenblüten duften leicht, erscheinen in kleinen Büscheln in vielen verschiedenen Farben und sind wegen ihrer schwachen Blütenstiele häufig hängend oder nickend. Manche zeigen die Blütenform mit hoch gebauter Mitte, die bei den Teehybriden so häufig vorkommt (siehe 'Maman Cochet', Seite 69). Teerosen haben eine sehr unterschiedliche Wuchsform und eignen sich für jeden Garten.

'MME LOMBARD'
Manchmal auch Friedhofsrose genannt, weil sie häufig an diesen Orten wächst.

'SOMBREUIL' (RECHTE SEITE)
Benannt nach Mlle de Sombreuil, einer Heldin der Französischen Revolution. Die Farbe kann zwischen Weiß und Creme mit einem zarten bräunlichen oder rosa Hauch variieren.

'LADY HILLINGDON'
Die Blüten dieser Pflanze verströmen einen starken Teeduft; sie ist fast so winterhart wie eine Teehybride.

Teerosen

Von links nach rechts, von oben nach unten

'ROSETTE DELIZY' (OBEN)
Diese Rose erinnert mit ihren vielen Blütenblättern in verschiedenen Farben an die Farbvariationen, die sich bei einigen Chinarosen-Hybriden zeigen. Der Duft erinnert an einen Punsch mit tropischen Früchten.

'FRANCIS DUBREUIL'
Der Name erinnert an den Großvater von Francis Meilland, einem Angehörigen der Meilland-Rosendynastie. Die Meillands haben der Gartenwelt viele berühmte Rosen geschenkt, darunter 'Gloria Dei' (siehe Seiten 79 und 108) und die 'Meidiland'-Serie.

'MAMAN COCHET'
Diese Rose eignet sich als Kübelpflanze und kann ohne Rückschnitt bis zu 2,20 m hoch werden. Die Blütenform ähnelt sehr den Teehybriden, jener Rosenklasse, die aus den Teerosen entwickelt wurde (siehe Seite 104). Cochet ist der Name einer französischen Züchterfamilie.

'MRS B. R. CANT'
Sie kann in warmen Regionen bis in den Winter blühen.

'MRS DUDLEY CROSS'
Leider erscheinen die riesigen Blüten nicht immer in großer Zahl.

'MONS TILLIER'
Wie viele Teerosen bevorzugt auch diese wärmere Regionen oder den Schutz eines Gewächshauses.

'PERLE DES JARDINS'
Die sehr witterungsempfindliche Perle der Gärten wird paradoxerweise meist im Gewächshaus gezogen.

AYRSHIRE

Diese Rosenklasse erlebte ihren Höhepunkt in der ersten Hälfte des 19. Jahrhunderts und besteht heute aus kaum 20 Sorten. Sie gelten als Hybriden der *Rosa arvensis,* die früher mit anderen Alten Gartenrosen wie China-, Tee- oder Noisette-Rosen gekreuzt wurde. Es heißt, dass der Earl of London in Ayrshire, nach dem die Klasse benannt wurde, für ihre Entwicklung verantwortlich ist.

Ayrshire-Rosen sind robuste, wüchsige Rambler und eignen sich für kältere Regionen. Sie bilden nur einmal in der Saison halbgefüllte oder gefüllte, meist weiße Blüten, einzeln oder in kleinen Büscheln; allerdings kommen auch dunkelrote, rosa- oder malvenfarbene Blüten vor. Manche Sorten duften leicht nach Myrrhe, ähnlich wie manche der modernen Englischen Rosen (siehe Seite 134).

BOURSALT

Viele Sorten dieser Rosenklasse wurden von dem französischen Botaniker Henri Boursalt gezogen, nach dem die Klasse benannt ist. Nur wenige der rund 50 Sorten sind heute noch bekannt. Ihre kleinen bis großen halbgefüllten oder gefüllten Blüten, die manchmal rosa, rot oder malvenfarben gestreift sind, erscheinen nur einmal in der Saison in Büscheln. Ihr Laub ist tief gesägt und färbt sich im Herbst orangerot.

Boursalt-Rosen sind oft Kletter- oder Rambler-rosen. Die Triebe sind glatt oder haben wenige Stacheln und sind manchmal rot angehaucht.

'MME DE SANCY DE PARABÈRE'
Eine der zwei bekannten Boursalt-Rosen, die heute noch kultiviert werden.
Die Anordnung der großen Blütenblätter um die kleineren erinnert an Anemonen.

BRACTEATA-HYBRIDEN

'MERMAID'
Diese Sorte breitet sich rasch aus und wird in günstigen Lagen schnell bis zu 9 m hoch. Manche Gärtner schätzen 'Mermaid' noch stärker wegen ihrer feinen Staubblätter als wegen ihrer Blütenfarbe.

Diese Rosenklasse besteht aus weniger als zehn Sorten, von denen einige anscheinend nicht mehr kultiviert werden. Typischerweise sind die jährlich nur einmal erscheinenden weißen oder hellrosafarbenen Blüten groß und gefüllt. Eine bedeutende Ausnahme ist die beliebte 'Mermaid', die nicht nur mehrmals blüht, sondern auch ungefüllte, cremegelbe Blüten bildet (siehe links). Die Bracteata-Hybriden sind Kletter- oder Ramblerrosen und werden, besonders in warmen Regionen, bis zu 9 m hoch.

EGLANTERIA-HYBRIDEN

Rosen dieser Klasse werden oft als Weinrosen (engl. Sweet Briar) bezeichnet; ihre Blätter duften nach Äpfeln und ihre gekrümmten Stacheln erinnern an Brombeeren. Die genaue Herkunft der meisten Sorten ist unbekannt; die Art *Rosa eglanteria* wurde möglicherweise mit einer Bourbon- oder Remontant-Rose gekreuzt, um die eine oder andere Sorte zu erzielen. Die Blüten haben oft fünf Kronblätter und erscheinen in großen Büscheln; manche Sorten bilden kleine, halbgefüllte oder gefüllte Blüten. Mit wenigen Ausnahmen blühen die Pflanzen nur einmal jährlich und sind robust und winterhart.

'LADY PENZANCE'
Eine Sorte aus der großen Gruppe von Rosen, die Ende des 19. Jahrhunderts von Lord Penzance gezüchtet wurden.

FOETIDA-HYBRIDEN

Beinahe die Hälfte der fast 40 Sorten dieser Rosenklasse blüht in dem einen oder anderen Gelbton. Das häufige Auftreten dieser Farbe weist darauf hin, dass die wilden Vorfahren dieser Züchtungen eine wichtige Rolle bei der Einführung von Gelb in den Genpool der Alten wie der Modernen Rosen spielten. Die Blüten sind halbgefüllt oder gefüllt, duften und entstehen einmal in der Saison. Die winterharten Sträucher sind von eher lockerem Wuchs und werden 1,20 bis 1,50 m hoch. Manche Sorten eignen sich auch als Kletterrosen.

'SOLEIL D'OR'
Diese seltene, nach Zitronen duftende Schönheit findet sich im Stammbaum vieler gelber Moderner Rosen.

'HARISON'S YELLOW' (RECHTE SEITE)
Diese Rose wurde von den ersten Siedlern in den US verbreitet und soll die berühmte »Yellow Rose of Texas« sein. Sie begann ihre lange Geschichte im Garten des New-Yorker Anwalts George F. Harison.

SEMPERVIRENS-HYBRIDEN

Im 19. Jahrhundert wurde diese Rosenklasse auch als »Immergrüne Rosen« bezeichnet, was auf ihre fast immergrünen glänzenden Blätter hinweist. Die französischen Namen jener Sorten, die heute noch im Handel sind, deuten darauf hin, dass diese Rosen vor allem in Frankreich, in der ersten Hälfte des 19. Jahrhunderts, gezüchtet wurden. Zwar blühen die meisten Sorten nur einmal, manche bilden aber auch im Herbst noch einige Blüten. Die wüchsigen Sträucher mancher Sorten können bis zu 4,50 m hoch werden; die Rosen dieser Klasse gehören meist nicht zu den Ersten, die im Frühjahr ihre Blüten zeigen.

'FÉLICITÉ ET PERPÉTUE'
Vom Züchter nach seinen Zwillingstöchtern benannt, die wiederum auf die Namen zweier frühchristlicher Märtyrerinnen getauft wurden.

SETIGERA-HYBRIDEN

Dies ist nicht gerade die größte Rosenklasse, sie hat aber jedem Gärtner etwas zu bieten. Manche Sorten sind von niedrigem, kompaktem Wuchs, die meisten sind aber wüchsige Kletterrosen, die auch bei wenig Pflege gedeihen; diese Eigenschaft haben sie von der *Rosa setigera* geerbt, einer in Nordamerika heimischen Wildrose (siehe auch Seite 20). Ihre duftenden Blüten sind groß, meist becherförmig und entstehen in großen Büscheln. Die Blütenfarben dieser Klasse sind meist Rosa- oder Rottöne, allerdings gibt es auch Sorten, die weiß, gelb, malvenfarben oder gestreift blühen. Eine besondere Eigenschaft der Setigera-Hybriden ist ihre Blütezeit: Sie blühen, wenn der erste Blütenflor der meisten anderen Rosen bereits vorüber ist, und füllen so die Lücke bis zum zweiten Blütenflor.

SPINOSISSIMA-HYBRIDEN

'FRÜHLINGSGOLD'
Wilhelm Kordes züchtete eine Serie von Rosen durch Kreuzung mit *Rosa spinosissima*, deren Namen alle mit »Frühling« beginnen.

'STANWELL PERPETUAL' (RECHTE SEITE)
Diese Rose wurde als Sämling in einem Garten in Stanwell, England, gefunden und erfreut sich nun wegen ihrer Wuchskraft und der mehrmaligen Blüte großer Beliebtheit.

Die Sorten dieser Klasse sind allgemein als Bibernellrosen bekannt, werden in Fachkreisen aber auch Pimpinellifolia-Hybriden genannt. Sie sind sehr krankheitsresistent und brauchen kaum Pflege. Die buschigen Pflanzen mit schlanken, elegant gebogenen Trieben sind dicht mit Stacheln besetzt. Die Sträucher werden meist groß und eignen sich gut als natürliche Barriere, manche Sorten bleiben allerdings niedrig und passen in kleine Gärten. Die Blätter sind typischerweise klein und fast farnähnlich. Die Spinosissima-Hybriden wurden Anfang des 19. Jahrhunderts gezüchtet und blühen, bis auf 'Stanwell Perpetual', nur einmal in der Saison.

WEITERE ALTE ROSEN

Bei Klassifikationssystemen für Pflanzen oder Tiere gibt es häufig Einzelfälle, die sich nicht in die vorhandenen Klassen einfügen. Das gilt auch für einige Alte Rosen, deren Wuchseigenschaften oder Stammbaum sie in diese »Rest«-Gruppe verweisen. Diese Rosen sind oft langjährige Bewohner von privaten oder öffentlichen Gärten. Die meisten Sorten dieser Gruppe blühen nur einmal in der Saison.

'FORTUNE'S DOUBLE YELLOW'
Im frühen 19. Jahrhundert von dem berühmten Pflanzenforscher Robert Fortune in einem Garten in China entdeckt.

KAISERIN JOSÉPHINE & PIERRE-JOSEPH REDOUTÉ

Wahrscheinlich die bekannteste Rosenfreundin der Geschichte ist die französische Kaiserin Joséphine. Sie wählte Malmaison, einen Landsitz etwa fünf Kilometer außerhalb von Paris, als Rückzugsort für sich und ihren machthungrigen Gatten Napoleon. Das heruntergekommene Schloss war von einem ungepflegten Grundstück umgeben; die weitsichtige Joséphine soll 300.000 Francs für das Land bezahlt und noch einmal 600.000 Francs in die Renovierung gesteckt haben. Zwar sieht auch das Schloss nun von innen und außen beeindruckend aus, doch die größte Attraktion für Pflanzenliebhaber sind die Gärten von Malmaison. Ein Gärtner begleitete Napoleon auf allen Feldzügen und so kamen viele neue, ungewöhnliche Pflanzen nach Malmaison. Weitere besondere Exemplare wurden von Botschaftern und ausländischen Würdenträgern mitgebracht, die die Leidenschaft Josephines für Pflanzen, und besonders Rosen, kannten. Leider hielt die Ehe nicht allzu lange. Napoleon brauchte einen Erben, also verstieß er Joséphine 1808 und nahm eine jüngere Frau im gebärfähigen Alter. Immerhin erhielt Joséphine bei der Scheidung Malmaison und Freunde und Würdenträger aus der ganzen Welt erwiesen ihr mit Rosenstöcke die Ehre, um ihren Traum von einem Garten, in dem alle Rose der Welt versammelt waren, zu erfüllen. Mehrere Fachleute pflegten das Anwesen, katalogisierten die Pflanzen und hielten sie sogar in Zeichnungen fest. Diese Aufgabe fiel dem Blumen maler Pierre-Joseph Redouté zu. Er erhielt den Auftrag, alle Ros von Malmaison ästhetisch ansprechend und botanisch korrekt abzubilden. Als Joséphine 1814 starb, hatte er 169 von den 26(Rosen des Gartens gezeichnet. Kurz darauf begann er zusamme mit einem ebenfalls von Joséphine geförderten Botaniker die Arbeit an »Les Roses«. Dieses dreibändige Werk enthält Kupferstic und Beschreibungen der 169 von Redouté gezeichneten Rosen Da sonst keine Aufzeichnungen gefunden wurden, sind diese Illustrationen die einzigen genauen Hinweise auf die Rosen, d Joséphine in Malmaison kultivierte. Redoutés Arbeiten gelten a Maßstab für botanische Zeichnungen. Leider wurden die Origina bei einem Brand in der Bibliothek des Louvre zerstört. Ein Na druck des Werks ist erhältlich: Pierre-Joseph Redouté: Rosen. Hg. von Petra-Andrea Hinz und Barbara Schulz. Köln 1999.

'EMPRESS JOSÉPHINE' (RECHTE S
Die geaderten Blütenblätter sind fast durchsichtig. Benannt nach der berühmtesten Rosenfreundin der Geschichte (siehe Kas

MODERNE ROSEN

Mehr als ein Jahrhundert lang gelten Teehybriden (die von allen Rosenklassen am leichtesten als »Moderne« erkannt werden) nun schon als Maßstab, nach dem andere Rosen beurteilt werden. Durch ihre klassische Blütenform mit hochgebauter Mitte an langen Blütenstielen eignen sich die Teehybriden hervorragend als Schnittblumen und werden von Floristen ausgiebig genutzt. Keine Hochzeit, kein Jubiläum ist perfekt ohne einige Teehybriden. Die Einführung von 'La France' 1867 (siehe Seite 104) gilt als der Beginn dieser Rosenklasse. Kurz nach 'La France' begann deren rasanter Aufstieg, da die Züchter die Klasse weiter entwickelten und neue Sorten in immer neuen Farben und Farbkombinationen einführten. Die leuchtenden Farben, die den Alten Rosen fehlten – Orange, leuchtendes Gelb, Apricot- und Bernstein-Töne, klares Rot und viele andere Farben, die es vorher bei den Rosen nicht gegeben hatte –, wurden von den Gärtnern auf der ganzen Welt begeistert begrüßt. (Auf den Seiten 104–113 finden sich Beispiele für die Farbtöne.)
Weitere Zuchtversuche brachten viele nützliche Rosenklassen hervor. Die wichtigsten sind die Moschusrosen-Hybriden, eine stark duftende Klasse mit Blütenbüscheln, die sich für Pergolen, Zäune und andere Stützen eignet (siehe Seite 96), und die Polyantha-Rosen, die Vorläufer der Floribunda-Rosen, die viele ähnliche Eigenschaften haben (siehe Seite 80). Polyantha-Rosen erfreuten sich nie so großer Beliebtheit, wie sie es eigentlich verdient hätten, denn sie wurden recht schnell von den vielseitigeren Floribunda-Rosen in den Hintergrund gedrängt. Diese Klasse bildet am Strauch einen regelrechten Strauß und erinnert an die Alten Rosen, weil ihre Blüten in allen Formen und Farben auftreten. Die Blüten bieten ein Farbspektrum, wie es sich jeder Gärtner erträumt, und viele duften zudem noch gut. Sie können auch in Gefäßen gezogen werden, wenn der Platz in den Gartenbeeten knapp ist.
Alles, was von den Floribunda-Rosen gesagt wurde, gilt auch für eine andere moderne Rosenklasse, die Zwergrosen. Diese Rosen »im Miniaturformat« sind in der Landschaftsgärtnerei sehr nützlich und vor allem bei jenen beliebt, die wenig Platz haben. In den letzten Jahren wurden das Farbspektrum und der gärtnerische Wert der Zwergrosen beträchtlich vergrößert (siehe Seite 122).

Die Versuche, eine perfekte Rose zu züchten, werden immer weiter fortgesetzt und so entstand vor nicht allzu langer Zeit eine Gruppe, die allgemein als »Englische Rosen« bezeichnet wird (einige Beispiele für diese Rosen finden sich auf Seite 134). Ihr recht komplexer Stammbaum führte am Ende zu einer Reverenz an das romantische Aussehen der Alten Rosen unter Beibehaltung der guten Eigenschaften (wie mehrmalige Blüte und kompakterer Wuchs) der Modernen Rosen. Außer David Austin haben sich auch andere Züchter der Herausforderung gestellt und ähnliche moderne Sträucher hervorgebracht, die unter leicht erkennbaren Namen vermarktet werden, wie etwa die 'Romantica'-Serie von Meilland. In dieser Gruppe gibt es oft die sanften Farben der Alten Gartenrosen, ebenso wie ihre dicht gefüllten, schalen- oder »kohlkopfförmi-

'DORTMUND'
(Kordesii-Rosen)
Die Kordesii-Rosen sind eine kleine, nützliche Gruppe mit kräftigen Pflanzen (siehe Seite 94).

'CARIBBEAN'
(Grandiflora)
Grandiflora-Rosen verbinden die Eigenschaften ihrer Eltern, der Teehybriden und Floribunda-Rosen (siehe Seite 88).

Eine kurze Geschichte der 'Gloria Dei'

Im Sommer 1935 arbeitete der 23-jährige Rosenzüchter Francis Meilland in der südfranzösischen Gärtnerei seiner Familie. Die Aufzeichnungen aus dieser Zeit zeigen, dass die 55 an diesem Tag bestäubten Blüten 800 Sämlinge hervorbrachten, von denen 50 zur weiteren Beobachtung ausgewählt wurden. Eine dieser Rosen, #3-35-40, wurde 'Gloria Dei' – vielleicht die bekannteste und am häufigsten kultivierte Rose aller Zeiten. Im Sommer 1939 erlangte die noch immer als #3-35-40 bekannte Pflanze größere Aufmerksamkeit. Es wurde beschlossen, die Rose auf den Markt zu bringen, und Edelreiser wurden zur Vermehrung durch Veredlung an Gärtnereien in den USA, Deutschland und Italien verschickt. Nach Kriegsausbruch im September wurde die Verständigung innerhalb der Rosenindustrie äußerst schwierig, es überrascht also kaum, dass #3-35-40 unter verschiedenen Namen eingeführt wurde. Während sie in Deutschland 'Gloria Dei' und in Italien 'Gioia' heißt, wurde sie in Frankreich in Erinnerung an die einige Jahre zuvor verstorbene Mutter des Züchters 'Mme A. Meilland' genannt. In den USA wurde die Rose nach Kriegsende 1945 unter dem Namen 'Peace' bekannt; als Blumensymbol der im gleichen Jahr neu gegründeten Vereinten Nationen ging die frühere #3-35-40 endgültig in die Geschichte ein. Doch der Ruhm dieser Rose beruht nicht nur auf ihrer historischen Rolle. Mit ihren vollkommen symmetrischen Blüten von etwa 15 cm Durchmesser in verschiedenen Gelb- und Rosatönen an langen, kräftigen Stielen ist sie ein Schmuckstück für den Garten. 'Gloria Dei' ist eine winterharte, reichlich blühende Rose, die ihre Qualitäten auch als Mutterpflanze von rund 300 Nachkommen, davon 18 Sports, bewiesen hat. Mehr als fünf Jahrzehnte nach ihrer Einführung ist sie immer noch ein »Verkaufsschlager«; Neulinge wie erfahrene Rosenfreunde fragen ausdrücklich nach 'Gloria Dei' (siehe Seite 108).

'PARTY GIRL'
(Zwergrose)
Zwergrosen erfreuen sich seit einigen Jahren großer Beliebtheit (siehe Seite 122).

an Faktoren wie Blütengröße, Wuchsform oder Blühhäufigkeit denken, doch in Wirklichkeit ist es die Einführung der 'La France' durch den französischen Züchter Jean Guillot im Jahr 1867; damit war die Klasse der Teehybriden entstanden und die Jahreszahl wird als »magische« Trennlinie zwischen Modernen und Alten Rosen angesehen. Das bedeutet nicht, dass alle Rosen, die nach 1867 in den Handel eingeführt wurden, Moderne Rosen sind. Vielmehr geht es darum, wann eine bestimmte Rosenklasse offiziell anerkannt wurde. So wurde die Remontant-Rose 'Waldfee' 1960 auf den Markt gebracht, aber da die Klasse der Remontant-Rosen bereits vor 1867 anerkannt war, gilt diese Rose als Alte Gartenrose, auch wenn sie fast ein Jahrhundert nach der ersten Modernen Rose auftrat.

gen« Blüten. Sie duften in der Regel stark und erinnern auch darin an Alte Gartenrosen, bieten aber ein viel größeres Farbspektrum.

Zu den Modernen Rosen gehören viele verschiedene Klassen, sodass jeder »seine Rose« finden kann. Ob eine Kletter- oder Kübelpflanze gebraucht wird, ein Schnittblumenbeet oder eine Rabatte gewünscht ist, eine Moderne Rose passt immer. Die Züchter erweitern die Welt der Rosen beständig und es ist schön zu sehen, dass die Rose den Wünschen des modernen Gärtners immer besser entspricht. Die guten Eigenschaften der Alten Rosen werden in den neuen Sorten stärker beachtet, etwa die Resistenz gegen Krankheiten oder der gute Duft; außerdem werden die Ansprüche der Landschaft und der Umwelt berücksichtigt. Diese Mischung aus Alt und Neu kann nur zu wachsendem Interesse an Rosen führen und jedem die Möglichkeit bieten, die »Königin der Blumen« anzupflanzen und zu genießen.

Unterschiede zwischen Alt und Neu

Wodurch unterscheiden sich Moderne und Alte Rosen? Man könnte

'SEXY REXY'
(Floribunda)
Viele Floribunda-Rosen blühen sehr üppig und eignen sich daher hervorragend für Beete und Rabatten (siehe Seite 80).

ROSEN

FLORIBUNDA

Wie der lateinische Name der Klasse schon andeutet, bilden Floribunda-Rosen zahlreiche Blüten. Besonders üppig blühen sie im späten Frühjahr und Frühsommer, aber auch später im Jahr zeigen sich noch einmal einige Blüten. Ihre Wuchsform ist buschiger und meist deutlich kleiner als die der Teehybriden (siehe Seite 104) und ihre Blüten erscheinen in Büscheln. Die meisten Floribunda-Blüten sind locker gefüllt oder ungefüllt, obwohl auch einige die klassische Teehybridenform mit hochgebauter Mitte aufweisen. Es gibt eine große Auswahl an Farben, wobei gestreifte Blüten (wie bei 'Scentimental' und 'Purple Tiger' auf der nächsten Doppelseite) seit einigen Jahren besonders geschätzt werden. Der Duft dieser Blüten ist meist leicht und fruchtig. Die Pflanzen wirken gut in Gruppen oder als niedrige Hecke.

'OLD MASTER'
Diese fein gemusterte Rose ist eins der ersten »handgemalten« Werke des Züchters Sam McGredy aus Neuseeland.

'GINGERNUT' (RECHTE SEITE)
Ihre lebhafte Farbe und der leichte, würzige Duft passen gut zum englischen Namen dieser Rose (dt. Ingwerkeks).

'SHEILA'S PERFUME'
Sheila ist die Frau des Züchters John Sheridan.

'INVINCIBLE'
Diese auffällige dunkelrote Floribunda-Rose stammt von dem niederländischen Züchter de Ruiter.

80

Floribunda

Von links nach rechts, von oben nach unten

'SCHNEEWITTCHEN'
Eine der besten weißen Rosen, auch als 'Iceberg' im internationalen Handel. (Kletternde Variante siehe Seite 86).

'FRENCH LACE'
Diese Sorte, die manchmal fast weiß blüht, ist eine hervorragende Schnittblume.

'SUMMER FASHION'
Die Ränder der Blütenblätter verbreitern sich mit der Zeit.

'LADY OF THE DAWN'
Sie bildet manchmal so viele Blüten, dass die Triebe sie kaum tragen können.

'FRAGRANT APRICOT'
Der starke Duft nach Damaszenerrosen und die Teehybriden-Blütenform hebt diese Floribunda-Rose von anderen ab (siehe auch Seite 2).

'SWEET DREAM'
Die geviertelte Blüte erinnert an die Alten Rosen.

'ENGLISH MISS'
Der englische Züchter benannte sie nach seiner dreijährigen Tochter. Das violett angehauchte Laub passt zur Blüte.

'HANNAH GORDON'
Diese unvergessliche Schöpfung von Wilhelm Kordes trägt den Namen einer bekannten britischen Schauspielerin.

'BLUEBERRY HILL'
Die leuchtend gelben Staubfäden bilden einen Kontrast zu der ungewöhnlichen Malvenfarbe der Blütenblätter.

'FRIESIA'
Diese preisgekrönte Rose wurde von Wilhelm Kordes gezüchtet und ist auch als 'Sunsprite' im internationalen Handel.

'FELLOWSHIP'
Ihre Farbe machte diese Rose so beliebt.

'SCENTIMENTAL'
Duft, nostalgische Form und lebhafte Farben verbanden sich bei dieser einzigartigen Rose.

'PURPLE TIGER'
Ihre auffällige violette Farbe wird durch helle Streifen und Punkte noch betont; das Muster ist bei jeder Blüte anders.

'CHINATOWN'
Diese Rose des dänischen Züchters Poulsen duftet intensiv nach Pfirsich.

'EYEPAINT'
Die einfachen Blüten dieser Rose sind scharlachrot gefärbt.

'KANEGEM'
'Kanegem' bietet die auf Ausstellungen sehr beliebte Blütenform mit hochgebauter Mitte und verträgt warmes wie kaltes Wetter.

82

Floribunda

VON LINKS NACH RECHTS, VON OBEN NACH UNTEN

'EUROPEANA'
Die Pflanzen blühen so üppig, dass die Triebe das Gewicht der Blütenbüschel manchmal nicht tragen können. Diese in den 60er-Jahren eingeführte Rose hat verschiedene bedeutende Preise gewonnen und ist noch immer sehr beliebt.

'PLAYGIRL'
Ein Nachkomme des 'Playboy' (siehe unten) mit ungewöhnlicher und keineswegs zurückhaltender Farbe.

'BILL WARRINER'
Diese Rose wurde aus der 'Impatient' (siehe Seite 86) und der gelben 'Sunflare', zwei mehrfach ausgezeichneten Rosen des Züchters Bill Warriner, gezüchtet und nach ihm benannt.

'TOOTSIE'
Das krankheitsresistente Laub bildet einen dekorativen Hintergrund für diese »handbemalte« Rose.

'ESCAPADE'
Wird diese Sorte nur leicht zurückgeschnitten, kann sie sich zum Strauch entwickeln.

'BRASS BAND'
Der Name spielt auf die messing-kupferfarbenen Blüten an, deren Farbe sich allerdings mit der Zeit und je nach Wachstumsbedingungen ändert.

'PLAYBOY'
Diese Rose zeichnet sich durch auffällige Farben aus und hat daher ihren Namen. Ihr Nachkomme 'Playgirl' ist oben zu sehen.

'DICKY'
Sie ist eine beliebte Floribunda-Rose; in Großbritannien wird sie als 'Ainsley Dickinson' gehandelt, benannt nach der Frau des Züchters.

'PRISCILLA BURTON'
Die Blütenfarben dieser Rose entwickeln sich nicht immer gleich, was ein Markenzeichen der »handbemalten« Rosenzüchtungen von McGredy aus Neuseeland ist.

FLORIBUNDA

'DRUMMER BOY' (LINKS)
Diese lebhaft rote Rose bildet einen dichten, auffälligen Blütenteppich.

'ARNAULD DELBARD' (OBEN MITTE)
Wurde nach dem Enkel des Züchters benannt.

'SCHNEEWITTCHEN (KLETTERND)' (UNTEN MITTE)
Ein Sport der zu Recht bekannten Strauchrose gleichen Namens (siehe Seite 82) mit den Eigenschaften einer Kletterrose; diese Rose eignet sich hervorragend zur Verschönerung einer neuen Mauer oder zur Tarnung älterer Wände.

'LAUGHTER LINES' (RECHTS OBEN)
Es ist nicht genau bekannt, aber es könnte sein, dass sich der Name (dt. Lachfalten) auf die dunkelrosa Streifen auf den Blütenblättern bezieht.

'IMPATIENT' (RECHTS UNTEN)
Die Stiele dieser Rose mit ihren auffällig rot gefärbten Blüten sind von vielen Stacheln bedeckt.

GRANDIFLORA

Grandiflora-Rosen sind Nachkömmlinge von Kreuzungen zwischen Teehybriden (siehe Seite 104) und Floribunda-Rosen (siehe Seite 80); sie sind den Teehybriden sehr ähnlich, bis auf zwei Merkmale: Grandiflora-Sträucher werden in der Regel viel höher als Teehybriden und ihre Blüten stehen häufiger in Büscheln, eine Eigenschaft, die sie von den Floribunda-Rosen erbten. Von ihnen stammen auch die größere Winterhärte und die fast durchgehende Blüte. Die Blütenform der Grandiflora-Rosen erinnert an die der Teehybriden: meist gefüllt, in klaren Weiß-, Rot-, Rosa-, Gelb- und Orangetönen, manchmal auch zweifarbig. Wegen ihrer Größe brauchen Grandiflora-Rosen ausreichend Platz im Garten und sollten hinter niedriger bleibenden Sorten gepflanzt werden. Die erste Grandiflora, 'Queen Elizabeth' (siehe Seite 90), wurde 1954 von Walter Lammerts in den Handel gebracht. Sie ist eine Kreuzung zwischen 'Charlotte Armstrong' und der Floribunda-Rose 'Floradora'.

'HEART O'GOLD'
Die goldenen Blütenblätter im Zentrum der Rose haben zu diesem Namen geführt. Die Farbstellung erinnert an die Kombination, die auch bei einigen Teerosen vorkommen (siehe 'Rosette Delizy', Seite 68).

'REBA MCENTIRE' (RECHTE SEITE)
Diese strahlende Schönheit wurde während eines Namenswettbewerbs nach der beliebten Country-sängerin benannt.

'REJOICE'
Diese Rose erhielt 1985 als Erste die Goldmedaille der Amerikanischen Rosengesellschaft (American Rose Society) in den Versuchsgärten von Shreveport, Louisiana.

GRANDIFLORA

VON LINKS NACH RECHTS, VON OBEN NACH UNTEN

'AQUARIUS'
Benannt nach dem Sternzeichen und dem astrologischen Zeitalter des Wassermanns.

'SWEET SUCCESS'
Ihre elegante Form hat sich bei Ausstellungen bewährt.

'QUEEN ELIZABETH'
Diese Rose gilt als die erste Grandiflora und hat in der ganzen Welt zahlreiche Auszeichnungen erhalten (siehe Einleitung Seite 88).

'PRIMADONNA'
Diese Sorte wurde in Japan gezüchtet und ist auch unter dem Namen 'Tobone' im Handel. Manche Gärtner finden sie besser für das Gewächshaus geeignet als für den Garten.

'CLASSIE LASSIE'
Der kräftige Duft passt gut zur Farbe.

'MAGIC LANTERN'
Ein Sport von 'Gold Medal' (siehe unten).

'ARIZONA'
Ihre Blütenfarben erinnern an einen Sonnenuntergang. Die Sorte wird auch unter den Namen 'Tocade' und 'Werina' geführt.

'CARIBBEAN'
Die warmen Töne dieser mehrfach ausgezeichneten Rose erinnern an die Karibik.

'WAIHEKE'
Einer von mehreren Maori-Namen, die der neuseeländische Züchter Sam McGredy für seine Rosen verwendet.

'GOLD MEDAL'
Manche beschreiben ihren leichten Duft als teeähnlich, andere als fruchtig.

'SHINING HOUR'
Der Züchter Bill Warriner (auf Seite 84 findet sich die nach ihm benannte Rose) kreuzte zwei seiner älteren gelben Kreationen, um diese Rose zu erhalten.

'FAME!'
Hält sich als Schnittblume lange in der Vase.

'SHREVEPORT'
Benannt nach der Stadt in Louisiana, wo die Amerikanische Rosengesellschaft (American Rose Society) ihren Sitz hat.

'QUAKER STAR'
Diese Rose wurde zum 300. Todestag von George Fox, dem Begründer der Quäker-Bewegung, benannt.

'SCARLET KNIGHT'
Ihre rotschwarzen Knospen entwickeln sich zu großen Blüten.

'LOVE'
Zu diesem Trio gehören auch noch 'Honor' und 'Cherish'; alle drei wurden 1980 von Bill Warriner eingeführt.

GRANDIFLORA

'TOURNAMENT OF ROSES'

1890 inspirierte die Blüte von Blumen und Obstbäumen mitten im Winter die Mitglieder des Valley Hunt Club in Pasadena, Kalifornien, zur ersten Tournament-of-Roses-Parade. Am Neujahrstag des Jahres 1890 fanden sich 2000 Zuschauer zu dem Umzug mit blumengeschmückten Kutschen ein. Wegen der zahlreichen Blumen schlug Professor Charles F. Holder, ein Mitglied des Clubs, den Namen »Tournament of Roses« (Rosen-Turnier) für das Fest vor, zu dem der Umzug gehörte.

In den folgenden Jahren wuchs das Festival, am Umzug beteiligten sich Musikgruppen und motorisierte Wagen. In der Stadt fanden Wettkämpfe wie Straußenrennen, Wildpferdreiten und ein Rennen zwischen einem Kamel und einem Elefanten statt. An der Umzugsstrecke wurden Tribünen errichtet und die Presse berichtete über das Ereignis. 1895 war die Veranstaltung für den Valley Hunt Club zu groß geworden, die Tournament of Roses Association übernahm die Organisation.

An jedem Neujahrsmorgen säumen etwa eine Million Zuschauer dicht gedrängt die Umzugsstrecke. Wer Glück hat und einen guten Platz findet, erlebt ein unvergessliches zweistündiges Spektakel mit wunderschönen Blumenwagen, mitreißenden Musikkapellen und eleganter Reiterei. Außerdem sitzen etwa 425 Millionen Zuschauer in rund 100 Ländern vor dem Bildschirm und genießen nicht nur den Umzug, sondern sehen sich auch das Rose-Bowl-Football-Spiel an, das älteste traditionelle Spiel zwischen College-Mannschaften.

Das Rose-Bowl-Spiel geht auf das Jahr 1902 zurück, als die Tournament of Roses Association beschloss die Festveranstaltungen um ein Football-Spiel zu erweitern. Das erste Spiel wurde zwischen der Stanford University und der University of Michigan ausgetragen, Michigan gewann 49:0, wobei sich Stanford bereits kurz vor Schluss geschlagen gab. Angesichts dieser Niederlage veranstaltete die Association danach zunächst lieber Wagenrennen im römischen Stil. 1916 wurde wieder Football gespielt, von da an blieb das Spiel auf dem Programm und die Zuschauermengen fanden bald keinen Platz mehr auf den Rängen im Tournament Park. 1920 engagierte sich der damalige Vorsitzende der Association, William L. Leishman, für den Bau eines modernen Stadions und konnte den Architekten Myron Hunt und den Bauunternehmer William A. Taylor dafür gewinnen.

Das ursprüngliche Stadion war eine hufeisenförmige Arena mit 57000 Sitzplätzen und erhielt von dem Journalisten Harlan Hall, der auch als Pressesprecher des Tournament fungierte, den Namen »Rose Bowl« (Rosenschale). Am 1. Januar 1923 fand in Verbindung mit dem Tournament das erste Rose-Bowl-Spiel statt. Das Stadion wuchs mit der Popularität des Spiels: 1928 wurde der südliche Erweiterungsbau errichtet, der das »Hufeisen« schloss; nun standen 76000 Sitzplätze zur Verfügung. Die Kapazität wurde in den folgenden Jahren bis auf die heutigen 91000 Plätze erweitert.

Das Tournament of Roses ist zwar weltweit bekannt, doch es bleibt seinen kalifornischen Ursprüngen treu. 1983 wurde die Tournament of Roses Foundation gegründet, eine gemeinnützige Organisation, die jedes Jahr Zuschüsse für Aktivitäten zur Verfügung stellt, die die Tradition des Tournament of Roses stärken, sowie für sinnvolle Programme, die Kultur und Bildung in der Region Pasadena fördern.

'TOURNAMENT OF ROSES'
Diese Rose ist ein passender Namensvetter des beliebten Festes.

ROSEN

KORDESII-ROSEN

Die Rosengruppe, zu der *Rosa* x *kordesii* und ihre Kreuzungen zählen, besteht aus einigen der robustesten und krankheitsresistentesten Modernen Rosen. *Rosa* x *kordesii* wurde 1941 von dem deutschen Züchter Wilhelm Kordes eingeführt; sie ist ein Sämling der 'Max Graf', die ihrerseits aus *Rosa rugosa* und *Rosa wichuraiana* hervorging. Die Kordesii-Rosen bilden Blütenbüschel, meist in Rosa- und Rottönen. Sie blühen mehrmals in der Saison und bilden, wenn die verwelkten Blüten nicht regelmäßig entfernt werden, große Hagebutten. Die Pflanzen sind groß und wüchsig, viele klimmen auch.

'WILLIAM BAFFIN' (OBEN)
Diese Kordesii-Rose ist nach einem der Seefahrer benannt, die die Nordwestpassage suchten.

'SYMPATHIE' (RECHTE SEITE)
Die Kordesii-Rose 'Sympathie' bildet zahlreiche tiefrote, stark duftende Blüten an wüchsigen Pflanzen, die 3,50 m oder noch höher werden.

MOYESII-HYBRIDEN

Rosa moyesii und ihre Abkömmlinge gehören mit ihren einzigartigen flaschenförmigen, farbenfrohen Hagebutten zu den attraktivsten Rosen für den Herbst. Die einfachen oder halbgefüllten Blüten erscheinen mit Unterbrechungen die ganze Saison über. Die Hybriden sind robust und winterhart und haben eine lockere Wuchsform mit bis zu 3 m langen Trieben. Die Blätter sind dunkelgrün und oft farnartig fein. Die Art wurde 1903 aus Nord- und Westchina in England eingeführt; die Gruppe ist nach dem Pfarrer E. J. Moyes benannt.

'GERANIUM'
Dieser Sämling der *Rosa moyesii* trägt im Herbst zahlreiche, sehr auffällige, orangefarbene Hagebutten an den zierlichen Trieben.

MOSCHUS-HYBRIDEN

Die Rosengruppe, die heute als Moschus-Hybriden bezeichnet wird, hat einen sehr komplizierten Stammbaum. Viele Mitglieder dieser Gruppe sind mit der ursprünglichen Art *Rosa moschata,* einer großen, wüchsigen Pflanze aus Südeuropa und Westasien, nur sehr entfernt verwandt. Deren ungefüllte weiße Blüten entstehen mehrmals im Jahr in dichten Büscheln und duften stark. Aus der *Rosa moschata* ging nach einer Kreuzung mit einer Chinarose eine der ersten Noisette-Rosen hervor (siehe Seite 60). Eine weitere Kreuzung zwischen dieser Noisette und der *Rosa multiflora* ergab 'Aglaia' und 'Trier', die Prototypen der Moschus-Hybriden. Diese beiden Rosen wurden weiter mit Polyantha-, Noisette- und Teerosen sowie Teehybriden gekreuzt und führten zu den Sorten, die heute als Moschus-Hybriden bekannt sind.

'CORNELIA'
Dies ist eine der letzten Moschus-Hybriden, die von Pfarrer Pemberton, einem bedeutenden Züchter dieser Gruppe aus Großbritannien, eingeführt wurden.

'BALLERINA' (RECHTE SEITE)
Bei vielen Rosengärtnern gilt sie als besonders leicht zu ziehen, viele andere sagen, sie sei besonders leicht zu genießen.

'PROSPERITY'
Wächst aufrechter als viele andere Moschus-Hybriden, die von Pfarrer Pemberton eingeführt wurden (siehe 'Cornelia' weiter oben).

'BELINDA'
Die Floristikbranche hat 'Belinda' mit offenen Armen empfangen; diese Rose wird oft in Gewächshäusern gezogen.

Moschus-Hybriden

Von links nach rechts, von oben nach unten

'BUFF BEAUTY' (OBEN)
Die Witwe von Pfarrer Pembertons Gärtner brachte diese Rose 13 Jahre nach dem Tod des Züchters zur Freude vieler Rosenfreunde in den Handel.

'ERFURT'
Diese Rose bildet gleich nach der ersten Blüte und die ganze Saison über farbenfrohe Hagebutten.

'DANAE'
Eignet sich auch als attraktive Heckenpflanzung.

'BLOOMFIELD DAINTY'
Eine der von Captain Thomas gezüchteten Rosen, deren Namen alle mit »Bloomfield« beginnen.

'PENELOPE'
Man kann diese wüchsige Pflanze bremsen, aber 'Penelope' wirkt am besten, wenn sie nur leicht zurückgeschnitten wird.

'NYMPHENBURG'
Wilhelm Kordes benannte diese Rose nach Schloss Nymphenburg mit seinen bekannten Gartenanlagen.

'MOONLIGHT'
Eine der ersten von Pfarrer Pemberton eingeführten Rosen; durch ihre langen Triebe eignet sie sich gut als Kletterrose.

RUGOSA-HYBRIDEN

Rosa rugosa und ihre Hybriden gehören wegen ihrer tief geäderten Blätter, denen sie ihren Namen verdanken (lat. rugosa heißt runzelig), zu den am leichtesten erkennbaren Mitgliedern der Gattung *Rosa*. Die Art (siehe Seiten 16 und 20) und die meisten Hybriden bilden mehrmals in der Saison duftende Blüten und danach große rote Hagebutten. Die Rugosa-Rosen sind eine besonders leicht zu ziehende Rosengruppe, da sie sehr winterhart sind und nicht gegen Pilzkrankheiten gespritzt werden müssen. Das Spritzen schadet ihnen sogar häufig.

'MARTIN FROBISHER'
Diese äußerst winterharte Rose trägt den Namen eines englischen Seefahrers aus dem 16. Jahrhundert, der dreimal die Gegend der kanadischen Baffinland-Insel bereiste, um die Nordwestpassage zu finden.

'FRU DAGMAR HASTRUP' (RECHTE SEITE)
Diese Rose ist vor allem später in der Saison attraktiv, wenn nach Nelken duftende rosafarbene Blüten und orangerote Hagebutten gleichzeitig erscheinen. Sie wird von vielen als die dekorativste aller Rosen angesehen.

'PINK GROOTENDORST'
Verschiedene Rugosa-Hybriden bilden Büschel aus kleinen, nelkenähnlichen Blüten, wie die mittelrote 'F. J. Grootendorst', von der dieser Sport abstammt, und die hellrosa 'Fimbriata'.

'LINDA CAMPBELL'
Linda Campbell war Schriftstellerin und ein bedeutendes Mitglied der Amerikanischen Rosengesellschaft (American Rose Society); leider starb sie jung.

Rugosa-Hybriden

Von links nach rechts, von oben nach unten

'JENS MUNK' (OBEN)
Am besten gedeiht diese vom kanadischen Landwirtschaftsministerium eingeführte Rose in kühleren Klimaregionen.

'STAR DELIGHT'
Diese ungewöhnliche Rugosa-Hybride wurde von Ralph Moore gezogen, einem Züchter, der vor allem für seine hervorragende Arbeit auf dem Gebiet der Zwergrosen bekannt ist.

'HENRY HUDSON'
Eine weitere Rose aus kanadischer Zucht; der Name erinnert an den Seefahrer, der auf der Suche nach der Nordwestpassage starb und nach dem auch die Hudson Bay benannt ist.

'HANSA'
Sie ist leicht zu ziehen und kaum »kleinzukriegen«; 'Hansa' trägt leuchtende, stark nach Nelken duftende Blüten.

'TOPAZ JEWEL'
Wegen ihres stark verzweigten Wuchses gilt diese Pflanze als »unordentlich«. 'Topaz Jewel' ist wie 'Agnes' eine der wenigen gelben Rugosa-Hybriden.

'THÉRÈSE BUGNET'
Vom Züchter nach einer nahen Verwandten benannt

'SCHNEEZWERG'
Der Name passt genau zu den weißen Blüten und der höchstens 1 m großen Pflanze.

TEEHYBRIDEN

Das Wort »Rose« ruft wohl bei den meisten Menschen das Bild einer symmetrischen, streng geformten Blüte mit hoch gebauter Mitte an einem langen, eleganten Stiel hervor – das Bild einer Teehybriden. Mit ihren einzelnen Blüten an langen Stielen sind sie bestens für Sträuße und Gestecke geeignet. Die meisten Teehybriden blühen vom zeitigen Frühjahr bis in den Spätherbst, abhängig von der Klimaregion. Teehybriden wachsen in der Regel aufrecht und werden 1,20 m bis 1,60 m hoch, sie eignen sich gut für die Mitte einer Rabatte. Viele Rosenzüchter, besonders Aussteller, pflanzen ihre Teehybriden in besondere Beete, wo ihre Bedürfnisse optimal erfüllt werden können. Der Stammbaum der Teehybriden beginnt mit Kreuzungen zwischen Remontantrosen (siehe Seite 50) und Teerosen (siehe Seite 66).

'LA FRANCE'

Eine der bedeutendsten Rosen aller Zeiten, die von vielen als eine der ersten, wenn nicht als die erste Teehybride angesehen wird. Sie gilt als Nachkomme von 'Mme Victor Verdier' (Remontantrose) und 'Mme Bravy' (Teerose) und wurde 1867 in den Handel gebracht. Je nach Wetter bilden ihre Blüten eine hohe Mitte, wie auf dem Bild, oder eine flachere, die an die Remontantrosen in ihrer Ahnenreihe erinnert. Sie ist in vielen öffentlichen wie privaten Rosengärten vertreten.

'TOUCH OF CLASS' (RECHTE SEITE)
Diese Rose erhielt 1983 eine der höchsten Auszeichnungen, die in den USA für Rosen vergeben wird, den All-America Rose Selection Award, und bewährt sich seither auf Ausstellungen.

'CHERRY BRANDY'
Dieser Name wurde vom Züchter zweimal verwendet, 1965 für diese Rose und nochmals 1985.

'DUFTWOLKE'
Diese Rose, die international als 'Fragrant Cloud' bekannt ist, macht ihrem Namen alle Ehre.

Teehybriden

VON LINKS NACH RECHTS, VON OBEN NACH UNTEN

'OPULENCE'
Diese Rose war zunächst den Floristen vorbehalten, wird nun aber auch bei Privatgärtnern immer beliebter.

'CRYSTALLINE'
Diese weiße Schönheit erweist sich immer wieder als Siegerin auf Ausstellungen, sie duftet leicht würzig.

'LYNETTE'
Diese Rose ist vor allem in Südafrika verbreitet.

'SHEER BLISS'
Mit ihrem attraktiven Rosahauch wird diese Rose gerne für Brautsträuße verwendet.

'POLARSTERN'
Wie ihr Namensvetter am nächtlichen Himmel leuchten die Blüten dieser auch 'Polar Star' genannten Rose im Garten.

'PAUL RICARD'
Diese Rose duftet leicht nach Lakritze, was bei Rosen selten vorkommt.

'KÖNIGLICHE HOHEIT'
Eine preisgekrönte Schöpfung des Züchterteams Swim & Weeks – unter dem Namen 'Royal Highness' wird sie im internationalen Handel angeboten.

'SECRET'
Der intensive, würzige Duft erhöht den Zauber dieser Rose.

'BRIDE'S DREAM'
Diese Rose wird sehr hoch und gedeiht daher am besten im Hintergrund einer Rabatte oder an einem Spaliergitter.

'FIRST PRIZE'
Diese Rose macht ihrem Namen (dt. Erster Preis) bei zahlreichen Ausstellungen Ehre.

'DAINTY BESS'
Nicht alle Teehybriden sind gefüllt und haben eine hoch gebaute Mitte! Diese Rose mit ihren kräftigen kastanienbraunen Staubfäden wurde bereits 1925 eingeführt.

'SUFFOLK'
Der Hobbyzüchter Astor Perry benannte seine Rosen nach Städten, die etwas mit seiner hauptberuflichen Branche, der Erdnuss-Industrie, zu tun haben: Suffolk liegt in Virginia, USA, und ist der Sitz von Planter Peanuts.

'ANDREA STELZER'
Die Namensgeberin war 1985 Miss South Africa und 1988 Miss Germany.

'PRISTINE'
Dank ihrer eleganten Form hat diese Rose seit ihrer Einführung im Jahr 1978 viele Preise gewonnen.

'FROHSINN'
Diese Rose (internationaler Name 'Joyfulness') wurde 1963 von der deutschen Rosengärtnerei Tantau eingeführt.

'GEMINI'
Diese zweifarbige Rose ist nach dem Sternzeichen der Zwillinge benannt.

Teehybriden

Von links nach rechts, von oben nach unten

'SILVERADO'
Diese edel gefärbte Rose hat einen leicht metallischen Glanz.

'LYNN ANDERSON'
Der Name erinnert an eine amerikanische Sängerin.

'ESMERALDA'
Hier ist die auch unter dem Namen 'Keepsake' bekannte Rose in voll erblühter Form abgebildet. Die Ausstellungsform findet sich auf Seite 160.

'MARIJKE KOOPMAN'
Die Blüten dieser Rose sind seidig rosa gefärbt, die Mitte ist dunkler, die Basis gelb.

'PARADISE'
Diese preisgekrönte Rose verbindet Lavendel- und Rottöne. Die Intensität der Farben schwankt je nach Wetter und Bodenbeschaffenheit.

'LOUISE ESTES'
Der Name erinnert an eine bekannte amerikanische Rosenzüchterin und Malerin.

'BARONNE EDMUND DE ROTHSCHILD'
Der englische Baron selbst ist eher für Rhododendronzüchtungen als für Rosen bekannt.

'ELIZABETH TAYLOR'
Diese klassische Schönheit ist nach der berühmten Schauspielerin benannt.

'GLORIA DEI'
Die wohl bekannteste Rose der Welt wurde von der französischen Züchterfamilie Meilland eingeführt und hat viele internationale Preise gewonnen. Sie ist auch unter dem Namen 'Peace' (dt. Frieden) im Handel.

'ELINA'
Die Farbe variiert von Mittelgelb bis fast Creme.

'GRACELAND'
Benannt nach der Villa des »King of Rock 'n' Roll«, Elvis Presley, in Memphis, Tennessee (USA).

'DUTCH GOLD'
Der Name erinnert an die Goldmedaille, die diese Rose vom Rosensichtungskomitee in Den Haag erhielt.

'ELEGANT BEAUTY'
Ihren edel geformten Blüten an eleganten langen Stielen verdankt diese Rose ihren Namen.

'ST PATRICK'
Diese Rose wird wegen des flüchtigen grünen Schimmers auf ihren Blütenblättern geschätzt.

'POT O' GOLD'
Die flachen, geöffneten Blüten erinnern an die Münzen, die sich in dem berühmten Topf am Ende des Regenbogens befinden sollen.

'MRS OAKLEY FISHER'
Diese duftende Schönheit ist eine der wenigen ungefüllten Teehybriden, ähnlich wie 'Dainty Bess' auf Seite 106.

Teehybriden

Von links nach rechts, von oben nach unten

'BRANDY'
Dies ist die letzte Rose, die ihren Namen von dem berühmten Züchter Herb Swim erhielt.

'FOLKLORE'
Diese Schönheit entwickelt bis zu 1 m lange Blütenstiele.

'TROIKA'
Die pflaumenroten jungen Blätter bilden einen interessanten Kontrast zu den Blüten. Die Sorte ist auch unter dem Namen 'Royal Dane' im Handel.

'PRINCESS ROYAL'
Die Farbe entführt ins Reich der Märchen und Träume.

'TOUCH OF CLASS'
Die changierende Blütenfarbe sichert dieser Rose viele Freunde.

'HARRY WHEATCROFT'
Diese Rose trägt den Namen eines englischen Gärtners.

'DOLLY PARTON'
Diese Rose mit ihren auffälligen, großen Blüten ist nach einer Country-Sängerin benannt.

'CAMARA'
Es heißt, dass diese Rose bei Sonnenuntergang glüht.

'DUBLIN'
Ihr Himbeerduft ist eine außergewöhnliche Freude für die Nase.

'OLYMPIAD'
Der Name erinnert an die Olympischen Sommerspiele des Jahres 1984 in Los Angeles.

'DOUBLE DELIGHT'
Die Blüten dieser hervorragenden Sorte erfreuen sowohl das Auge als auch die Nase.

'PERFECT MOMENT'
Eine ausgesprochen robuste Pflanze bringt diese bezaubernd gefärbten Blüten hervor.

'TIMELESS'
Die haltbaren Blüten leuchten nicht nur im Garten lange, sondern auch in der Vase.

'RED DEVIL'
Der Züchter Pat Dickson benannte diese Rose zu Ehren seiner Kameraden von der Royal Air Force.

'MILDRED SCHEEL'
Diese deutsche Rosenzüchtung (Tantau, 1977) ist unter dem Namen 'Deep Secret' im internationalen Handel.

'MISTER LINCOLN'
Diese hoch wachsende Rose wurde nach dem amerikanischen Präsidenten Abraham Lincoln benannt. Mit ihrem Duft und ihrer dunkelroten Farbe ist die 1964 eingeführte Rose noch immer sehr beliebt.

Teehybriden

VON LINKS NACH RECHTS, VON OBEN NACH UNTEN

'ST PATRICK'
Dieses Bild zeigt den Blütenzyklus, wie er oft in den Plänen für Rosenausstellungen angegeben wird. Von oben nach unten sind die Knospe, die halb geöffnete und die zu drei Vierteln geöffnete Form zu sehen, die viele Aussteller bei ihren Pflanzen erzielen wollen. Um dies zu erreichen, werden viele Pflanzen derselben Sorte gepflanzt. Man beschneidet sie gezielt, ihre Knospen werden zum Teil ausgebrochen und die Umwelt- und Kulturbedingungen für die Pflanzen optimal geschaffen, die Blüten rechtzeitig vor der Ausstellung geschnitten und die Blütenblätter mit Wattebäuschen in die perfekte Form gedrückt. Natürlich haben alle Aussteller auch noch ihre eigenen »geheimen« Tricks. Eine Rosenausstellung, die die besten Pflanzen von erfahrenen Gärtnern präsentiert, ist in jedem Fall einen Besuch wert.

'ALPINE SUNSET'
Die Farben dieser Rose erinnern an einen Sonnenuntergang in den Alpen. Die Blüten ertragen auch nasses Wetter gut.

'SYLVIA'
Eine Züchtung von Wilhelm Kordes. Der international gebräuchliche Name dieser Rose – 'Congratulations' (dt. Glückwünsche) – bezieht sich auf ihre Beliebtheit als Geschenk.

'RUBY WEDDING'
Die Farbe erinnert an den Edelstein, der mit dem 40. Hochzeitstag verbunden wird, den Rubin.

'SILVER WEDDING'
Drei verschiedene Rosen sind unter diesem Namen registriert.

WICHURAIANA-HYBRIDEN

Diese Rosen werden auch als Rambler bezeichnet und stammen von der *Rosa wichuraiana* ab. Die Art ist in Japan, Ostchina und Korea heimisch; der Wuchs der Pflanzen ist meist niederliegend (flach und ausladend), sie bilden relativ dünne, biegsame Triebe von 6 m bis 7,50 m Länge. Die Wichuraiana-Hybriden sind eine relativ neue Gruppe (aus dem 20. Jahrhundert), zu der einige der besten Parkrosen gehören, die schnell große Flächen bedecken – sei es vertikal als Kletterrosen oder horizontal als Bodendecker. An Bögen und Pergolen oder auch an Seilen und Ketten wirken sie eindrucksvoll. Die meisten Rosen dieser Gruppe zeichnen sich durch dunkles, glänzendes, sehr gesundes, krankheitsresistentes Laub aus. Die kleinen Blüten sind meist ungefüllt oder halbgefüllt, duften und erscheinen in großen Büscheln; fast alle Sorten blühen nur einmal – dann allerdings besonders üppig.

'SEAGULL'
Sie gehört zu den beliebtesten Rosen dieser Gruppe. Eine gut gepflegte Pflanze bringt tausende von Blüten hervor.

'AMERICAN PILLAR' (RECHTE SEITE)
Wenn diese Rose genügend Platz hat, wächst sie in einer Saison bis zu 6 m. Dadurch eignet sie sich hervorragend zum Abdecken von Lauben oder Zäune

'NEWPORT FAIRY'
Der Name erinnert an den Heimatort des Züchters in Rhode Island, USA.

ROSEN

GROSSBLÜTIGE KLETTER-ROSEN

Die langen, gebogenen Triebe mit ihrer üppigen Blütenpracht sind das Kennzeichen dieser Rosen, die viel Platz brauchen, um richtig zur Geltung zu kommen. Großblütige Kletterrosen mit ihren Blüten in allen Formen und Farben können an Zäunen, Hausfassaden, Pergolen und Spaliergittern, selbst an Bäumen hochgezogen werden. Wenn sie gut gepflegt und jedes Jahr nur leicht zurückgeschnitten werden, entfalten Kletterrosen schnell ihre ganze Schönheit. Sie blühen besonders üppig im Frühjahr und Frühsommer, später in der Saison erscheinen nur noch sehr wenige Blüten.

'NIGHT LIGHT'
Die Blüten dieser Schönheit können einen Durchmesser von mehr als 10 cm erreichen.

'HÄNDEL'
Der Züchter Sam McGredy hält sie für die beste Rose, die er in den Handel brachte.

'PIERRE DE RONSARD' (RECHTE SEITE)
Diese Rose ist nach einem Dichter und Gärtner benannt, der im 16. Jahrhundert in Frankreich und Schottland lebte.

Grossblütige Kletterrosen

Von links nach rechts, von oben nach unten

'BERRIES 'N' CREAM'
Der Name (dt. Beeren mit Sahne) erinnert an die Farben.

'RHONDA'
Die zu Recht berühmte 'New Dawn' (siehe unten links) ist eine der Elternpflanzen dieser herrlichen Schöpfung.

'CASINO'
Viele Rosenzüchter halten sie für eine der besten gelben Kletterrosen.

'SILVER MOON'
Im Gegensatz zu den meisten anderen großblütigen Kletterrosen bringt diese nur einen – großartigen – Blütenflor zu Beginn der Saison hervor.

'SCHOOLGIRL'
Die stark duftenden Blüten sind vollständig geöffnet flach.

'DON JUAN'
Die dunkelroten Blütenblätter dieses Herzensbrechers erinnern an kostbaren Samt.

'LAWINIA'
Der Name wird manchmal auch 'Lavinia' geschrieben und erinnert an die Herzogin von Norfolk (1916–1995), die sich sehr für wohltätige Zwecke einsetzte.

'NEW DAWN'
Die erste Rosenzüchtung, die in den USA patentiert wurde, erfreut sich dort großer Beliebtheit.

'PINK PERPETUE'
Sie stammt von der 'New Dawn' (siehe oben) ab.

'POLKA'
Sie wächst gemächlich an einer Stütze in die Höhe.

GROSSBLÜTIGE KLETTERROSEN

Von links nach rechts, von oben nach unten

'ALTISSIMO'
Der Name bedeutet »am höchsten« und diese Rose ist der höchste, reinste Ton in der Gartensymphonie.

'DUBLIN BAY'
Die Blüten erscheinen mehrmals in Büscheln während der Saison.

'CITY OF YORK'
Sie gehört zu einer bekannten Rosengruppe, die nach Städten benannt ist, und wird von vielen Gärtnern als eine der besten weißen Kletterrosen geschätzt.

'COMPASSION'
Diese preisgekrönte Rose ist in England besonders beliebt. Die großen Blüten erscheinen einzeln oder in Dreiergruppen.

'AMERICA'
Sie wurde 1976, zur 200-Jahr-Feier der USA, in den Handel gebracht und erhielt eine der höchsten Auszeichnungen, die in den USA für Rosen vergeben wird, den All-America Rose Selection Award. Die Mutterpflanze war die Teehybride 'Duftwolke' (siehe Seite 104), die ihren Duft an die neue Sorte vererbte.

GROSSBLÜTIGE KLETTERROSEN

Rosen

ZWERGROSEN

Die Rosen mit den kleinsten Blüten sind die Zwergrosen, auch Miniaturrosen genannt. Dazu gehören auch die allerwinzigsten Mikro-Zwergrosen, deren Blüten kaum größer sind als ein Stecknadelkopf, und ebenso die neueste Zwergrosengruppe, die etwas größeren Mini-Flora, auch Makro-Zwergrosen genannt. Das Farbspektrum reicht ebenfalls weit, von reinstem Weiß bis zu fast schwarzem Rot, mit vielen Mischtönen und auch Streifenmustern dazwischen. Es gibt ungefüllte, fünfblättrige Blüten ebenso wie Zwergrosen mit hoch gebauten Blüten, die wie winzige Teehybriden aussehen. Manche Zwergrosen wachsen aufrecht, andere haben hängende Triebe und eignen sich sehr gut für Blumenampeln, manche können sogar an Spaliergittern und Zäunen hochgezogen werden (auf Seite 6 findet sich ein wunderbares Beispiel der 'Jeanne Lajoie'). Manche Zwergrosenpflanzen bleiben niedrig und wirken kompakt, andere hingegen werden recht hoch und erinnern daran, dass sich der Name auf die Blütengröße, nicht auf die Pflanzengröße bezieht. Zwergrosen sind ideale Kübelpflanzen und viele von ihnen sind überraschend robust und winterhart.

'LIPSTICK 'N' LACE'
Die kunstvolle rote Umrandung an den weißen Blütenblättern, die an Lippenstift erinnern mag, trug dieser Zwergrose ihren Namen ein.

'STARINA' (RECHTE SEITE)
Die erste Zwergrose, die im Handel erfolgreich war, wurde auch gleich in die Ruhmeshalle der Zwergrosen aufgenommen.

'CHELSEA BELLE'
Namen können recht seltsame Ursprünge haben: Diese Rose wurde nach dem Cockerspaniel des Züchters benannt, nicht nach einer weiblichen Schönheit aus London oder New York.

'SIMPLEX'
Diese ungefüllte, fünfblättrige Schönheit ist die Verkörperung von Eleganz in Farbe und Stil. Der Name bedeutet »einfach, unkompliziert«.

ZWERGROSEN

Von links nach rechts, von oben nach unten

'LINVILLE'
Benannt nach einem Ort in North Carolina, USA.

'IRRESISTIBLE'
Die äußeren Blütenblätter zeigen einen Grün- oder Rosahauch.

'MINNIE PEARL'
Diese Rose wurde nach einer berühmten Komikerin benannt und bringt vor allem jene zum Lächeln, die sie auf Rosenschauen zeigen.

'ROLLER COASTER'
Andere Blüten derselben Pflanze zeigen vielleicht mehr Rot als Weiß.

'HURDY GURDY'
Sie sieht auf den ersten Blick wie eine Kamelie aus.

'FAIRHOPE'
Bisher als Einzige hat diese Rose die Höchstwertung 10 bei einem Rosensichtungsprogramm der American Rose Society erhalten. Sie erinnert an den schönen Ort Fairhope an der Mobile Bay in Alabama.

'JEAN KENNEALLY'
Diese beliebte Rose wurde von der berühmten amerikanischen Rosenzüchterin Dee Bennett nach einer Freundin benannt.

'GIGGLES'
Die Farbe ihrer Blüten bezaubert jeden Rosenfreund.

'MAGIC CARROUSEL'
Diese preisgekrönte Rose kann eine beachtliche Höhe erreichen.

'LITTLE JACKIE'
Benannt nach einer Enkelin des Züchters F. Harmon Saville.

'EARTHQUAKE'
Als diese Rose ihren Namen erhalten sollte, wurde die kalifornische Gärtnerei, wo sie gezüchtet wurde, von einem Erdbeben erschüttert.

'JUNE LAVER'
Von Züchter Keith Laver nach seiner Frau benannt.

'INCOGNITO'
Die einzigartige Farbe dieser Rose zieht die Aufmerksamkeit auf sich.

'PEGGY "T"'
Die auffälligen rot-weißen Blütenblätter dieser ungefüllten Rose wirken im Garten ebenso beeindruckend wie in der Vase.

'HOT TAMALE'
Ihr Name und ihre Blütenfarben erinnern an feurige Hitze.

'MY SUNSHINE'
Freundlicherweise teilt der Züchter seinen »Sonnenschein« mit uns.

'DAZZLER'
Ein Nachkomme aus der Kreuzung von 'Kristin' (siehe Seite 4) und 'Rainbow's End', eine Zwergrose mit rot umrandeten gelben Blüten.

'MISS FLIPPINS'
Der Vater des Züchters benannte diese Rose nach seiner sportlichen Enkelin. Siehe auch Inhaltsverzeichnis.

'OLD GLORY'
Die Blütenblätter dieser kleinen Schönheit leuchten feuerrot.

'ANYTIME'
Diese Rose bildet leicht Samen – ideal für die Neuzucht.

124

ZWERGROSEN

VON LINKS NACH RECHTS, VON OBEN NACH UNTEN

'ORANGE SUNBLAZE'
Die erste Rose der 'Sunblaze'-Serie der weltbekannten Züchterfamilie Meilland aus Frankreich, die auch 'Gloria Dei' einführte.

'PETIT FOUR'
Diese Rose steht fast die ganze Saison über in Blüte.

'LITTLE ARTIST'
Der für seine »handbemalten« Rosen bekannte Züchter Sam McGredy widmete sich auch den kleinen Verwandten und brachte diese Kostbarkeit hervor, die erste »handbemalte« Zwergrose.

'ROBIN RED BREAST'
Dieser Blickfang wird manchmal auf einer hohen, unverzweigten Unterlage als Hochstamm gezogen.

ZWERGROSEN

127

POLYANTHA-ROSEN

Polyantha-Rosen sind die Vorläufer von Zwerg- und Floribunda-Rosen. Ihre kleinen Blüten erscheinen oft in lockeren, manchmal großen Büscheln. Zwar tragen die meisten Polyantha-Rosen Pastellfarben oder Weißtöne, es gibt aber auch einige rote ('Mothersday' und 'Verdun'), malvenfarbene ('Baby Faurax') und orangefarbene Sorten ('Gloria Mundi', 'Margo Koster' und 'Orange Morsdag'). Manche Polyantha-Rosen sind niedrig, kompakt und buschig, andere hingegen werden viel höher. Einige sind so klein, dass sie gut in Pflanzgefäßen gedeihen, andere entwickeln nur im Beet ihre volle Pracht. Die beliebteste Polyantha-Rose ist vermutlich 'The Fairy', eine pflegeleichte, wüchsige Pflanze, die in einer Saison tausende von hellrosa Blüten hervorbringen kann. Bei leichtem Rückschnitt entwickelt sich eine beeindruckende Pflanze.

'CHINA DOLL'
Die kompakte, stachellose 'China Doll' bildet, wie viele Rosen dieser Klasse, zahlreiche Blüten.

'WHITE PET' (RECHTE SEITE)
Dieser Sport von 'Félicité et Perpétue' (siehe Seite 72) belohnt den Gärtner mit Wolken duftiger weißer Blüten.

'YESTERDAY'
Eine neuere Polyantha-Rose (1974 eingeführt), die mit ihrer einzigartigen fliederrosa Farbgebung mehrere Goldmedaillen und andere Preise gewann.

POLYANTHA-ROSEN

Von links nach rechts, von oben nach unten

'RAUBRITTER' (OBEN)
Die becherförmigen Blüten erinnern an die klassische Form der Bourbon-Rosen (siehe Seite 28).

'KATHARINA ZEIMET'
Ein Blütenzweig kann bis zu 50 Blüten tragen. Die Pollen gebende Elternpflanze dieser deutschen Züchtung war 'Marie Pavié' (siehe unten).

'CLOTILDE SOUPERT'
Sie wird kaum höher als 50 cm und ist eine hervorragende Pflanze für den Vordergrund eines Rosenbeets.

'LULLABY'
Dieser Nachkomme von 'Cécile Brunner' (siehe unten) bildet extrem dicht gefüllte, rosa behauchte weiße Blüten (mit 75 Blütenblättern!) an einer kompakten Pflanze.

'MRS. R. M. FINCH'
Ihre rosigen Blüten werden mit der Zeit heller.

'MARIE PAVIÉ'
Die kleinen, wohlgeformten Blüten öffnen sich zu eleganten weißen Blüten mit rosafarbener Mitte.

'CÉCILE BRUNNER'
Benannt nach der Tochter des bekannten Rosenzüchters Ulrich Brunner; diese beliebte Rose brachte einen kletternden Sport mit großen, beeindruckenden Blütenbüscheln hervor. Ihr Wuchs erinnert an manche Teerosen (siehe Seite 66).

STRAUCH-ROSEN

Die Strauchrosen sind eine sehr vielfältige Rosengruppe, die nicht nur in Farbe und Größe einige Auswahl zu bieten hat. Manche Sorten sind niedrig wachsende Bodendecker (alle mit lockerem, ausladendem Habitus), andere entwickeln sich in wärmerem Klima wie Kletterrosen (wobei dieselbe Sorte in kälteren Regionen nur durchschnittlich hoch wird). Sie sind einfacher zu pflegen als andere Moderne Rosen, blühen mehrmals und verlieren ihre verwelkten Blüten. Eine besondere Gruppe, die sich wachsender Beliebtheit erfreut, sind die »Englischen Rosen« von David Austin, das Ergebnis eines intensiven Zuchtprogramms. Sie sehen recht unterschiedlich aus, doch sie haben auch einiges gemeinsam: Die Blüten der meisten Sorten duften, sie haben oft viele Blütenblätter und ihre Blütenform ist in der Regel eher dekorativ und locker, im Gegensatz zu den klassischen Sorten mit hoch gebauter Mitte.

'ABRAHAM DARBY'
Diese »Englische Rose« wurde nach einer bedeutenden Person zur Zeit der Industriellen Revolution benannt.

'HERITAGE'
Diese Rose gilt als eine der bevorzugten Schöpfungen von David Austin.

'ENGLISH GARDEN' (GEGENÜBER)
Die Blütenfarbe dieser »Englischen Rose« wird bei Hitze dunkler. Sie wächst nicht so hoch wie andere Austin-Rosen.

'GOLDEN CHERSONESE'
Der Name erinnert an einen sagenhaften Ort von Reichtum und Schönheit.

Strauchrosen

Von links nach rechts, von oben nach unten

Es handelt sich ausschliesslich um »Englische Rosen« von David Austin

'BELLE STORY'
Die Blüten dieser Rose sind groß und vollkommen symmetrisch im Umriss. Die Pflanze ist leicht zu pflegen.

'GRAHAM THOMAS'
Die Rose ist nach einem der engagiertesten Gärtner Englands benannt, der unter anderem dazu beitrug, das Interesse an Alten Rosen wieder zu beleben. Sie gilt bei vielen als eine der besten »Englischen Rosen«.

'DAPPLE DAWN'
Im Gegensatz zu vielen anderen »Englischen Rosen« ist diese ungefüllt.

'CHARLOTTE'
Die gelbe Farbe hat sie von 'Graham Thomas' (siehe oben) geerbt, die in ihrem Stammbaum auftaucht.

'HERO'
Diese Rose trägt den Namen einer Priesterin der Aphrodite aus der griechischen Mythologie. Wie manche anderen Rosen von David Austin duftet 'Hero' leicht nach Myrrhe.

'SWEET JULIET'
Viele »Englische Rosen« duften angenehm und diese verbreitet den klassischen Teeduft. 'Sweet Juliet' ist ein weiterer, sehr wüchsiger Abkömmling von 'Graham Thomas' (oben).

'KATHRYN MORLEY'
Die inneren Blütenblätter sind leicht nach innen gebogen, sodass die ganze Blüte wie eine Tasse mit Untertasse wirkt. Sie wurde nach der verstorbenen Tochter von Eric Morley benannt, der das Recht auf diesen Namen bei einer Wohltätigkeitsauktion ersteigerte.

'GLAMIS CASTLE'
Diese Rose ist nach der Heimat der Königinmutter Elisabeth benannt. Das Schloss ist außerdem der Sitz der schottischen Grafen von Strathmore und Kinghorne sowie der Schauplatz von Shakespeares Drama »Macbeth«.

'TAMORA'
Eine weitere »Englische Rose«, die ihre Herkunft von den Alten Rosen mit ihrer Becherform deutlich zu erkennen gibt. Sie passt gut in die meisten Beete oder Rabatten und ist sehr krankheitsresistent.

Strauchrosen

'CONSTANCE SPRY' (LINKS)
Die Erste von David Austins »Englischen Rosen«. Sie blüht zwar nur einmal in der Saison, aber mit ihren üppigen, duftenden Blüten steht sie auf der Einkaufsliste vieler Rosenfreunde ganz oben. Sie wurde aus der Gallica-Hybride 'Belle Isis' (siehe Seite 44) und der Floribunda-Rose 'Dainty Maid' gezogen.

'SPARRIESHOOP' (OBEN MITTE)
Der Name erinnert an den kleinen Ort bei Hamburg, wo sich die Gärtnerei Wilhelm Kordes' Söhne befindet (siehe auch Seiten 94 und 140).

'BONICA' (MITTE)
Diese Rose ist leicht zu pflegen und eignet sich daher hervorragend für Anfänger. Ihr eigentlicher Name ist 'MEIdomonac' und nach ihrer Einführung in den USA im Jahr 1987 eroberte sie die Welt im Sturm. Die ersten drei Buchstaben ihres Namens erinnern an die Familie Meilland, die neben vielen anderen auch 'Gloria Dei' züchtete (siehe Seite 108).

'STRETCH JOHNSON' (UNTEN MITTE)
Der Name erinnert an ein Mitglied der American Rose Society.

'COCKTAIL' (RECHTS OBEN)
Die Blüten dieser auffälligen Rose sind manchmal so zahlreich, dass sie das Laub völlig verdecken.

'FIRST LIGHT' (RECHTS MITTE)
Diese Sorte hat ungewöhnlich große, fein gefärbte Blütenblätter.

'DISTANT DRUMS' (RECHTS UNTEN)
Diese robuste Rose, die von Dr. Griffith J. Buck von der Iowa State University, USA, gezüchtet wurde, bildet ungewöhnlich gefärbte Blüten mit intensivem Myrrheduft.

STRAUCHROSEN

VON LINKS NACH RECHTS, VON OBEN NACH UNTEN

'MORDEN CENTENNIAL' (OBEN)
Diese Rose gehört zu einer Serie von Sorten, die auf der Morden Research Station in Manitoba in Kanada gezüchtet wurden. Alle Sorten der Morden-Serie sind extrem winterhart. Zudem blühen sie mehrmals und sind krankheitsresistent.

'HERTFORDSHIRE'
Die flach wachsende Strauchrose aus der Kordes-Gärtnerei trägt den Namen einer englischen Grafschaft, wird im internationalen Handel aber auch 'Tommelise' genannt. Sie eignet sich gut als Bodendecker.

'CAREFREE BEAUTY'
Der Name dieser von Dr. Griffith J. Buck gezogenen Rose beschreibt sie genau: Sie ist eine pflegeleichte Schönheit. Die Blüten haben bis zu 10 cm Durchmesser und entstehen fast die ganze Saison über an den robusten Pflanzen. Eine der Elternpflanzen ist Dr. Bucks 'Prairie Princess' (siehe Seite 140).

'KENT'
Eine weitere Bodendeckerrose, die den Namen einer englischen Grafschaft trägt. Sie wurde von der dänischen Rosengärtnerei Poulsen in den Handel gebracht.

'GOLDEN WINGS'
Diese winterharte, wüchsige Strauchrose mit ungefüllten Blüten ist eine wertvolle Pflanze für fast jeden Garten.

STRAUCHROSEN

'PRAIRIE PRINCESS' (OBEN)
Eine von Dr. Griffith J. Bucks äußerst winterharten und wüchsigen Strauchrosen, die an der Iowa State University, USA, eingeführt wurde. Die Namen vieler seiner Rosen beginnen mit »Prairie«.

'FLUTTERBYE' (LINKS)
Die Blüten ändern ihre Farbe von Gelb zu Rosa- und Goldtönen und machen aus diesem Strauch eine farbenfrohe Schönheit.

'WEISSE AUS SPARRIESHOOP' (OBEN MITTE)
Der Name erinnert an den Standort der Gärtnerei Wilhelm Kordes' Söhne bei Hamburg. Siehe auch Seite 94.

'TIGRIS' (UNTEN MITTE)
Diese Rose mit dem Namen des mesopotamischen Flusses ist eine Kreuzung aus Rosa 'Trier', einer Multiflora-Hybride, die vor allem im Stammbaum der Moschus-Hybriden (siehe Seite 96) häufig auftaucht, und der äußerst seltenen Rosenverwandten *Hulthemia persica*.

'ORANGES AND LEMONS' (RECHTS OBEN)
Diese auffällige Strauchrose trägt die Merkmale von Sam McGredys »handbemalten« Rosen. Die rote Farbe des jungen Laubes bildet einen attraktiven Kontrast zu den Blüten.

'THE SQUIRE' (RECHTS UNTEN)
David Austin wurde für diese »Englische Rose« mit den großen, becherförmigen, stark duftenden, karminroten bis violetten Blüten sehr gelobt. Er räumt ein, dass der stachelige Strauch nicht in jedem Garten optimal gedeiht, doch sind gute Erfolge möglich.

ROSEN PFLEGEN

DER RICHTIGE PLATZ

Rosen sind im Allgemeinen robuste, widerstandsfähige Pflanzen. Sie gedeihen unter sehr unterschiedlichen Bedingungen, nur nicht in extremen Verhältnissen. Damit sie sich optimal entwickeln, brauchen sie allerdings den richtigen Platz und den richtigen Boden.

Rosen bevorzugen täglich mindestens sechs Stunden volles Sonnenlicht. Sie vertragen auch weniger, aber dann sind die Sträucher weniger wüchsig, die Triebe werden an der Basis kahl und es bilden sich weniger Blüten. Rosen bevorzugen einen sandigen, feuchten, aber gut drainierten Lehmboden. Die meisten Böden bieten wenig organische Substanz, es empfiehlt sich also, Kompost oder anderes, gut zerkleinertes und abgelagertes pflanzliches oder tierisches Material einzuarbeiten. Rosenwurzeln können tief in den Boden vordringen, daher sollte dieser bis in mindestens 60 cm Tiefe verbessert werden. Wenn der Boden sehr mager, verdichtet oder felsig ist, kann es sich lohnen, die Rosen in Hochbeete zu setzen. Rosen entwickeln sich am besten bei einem pH-Wert von 6,0 bis 6,5. Alle paar Jahre sollte daher ein Test vorgenommen werden, der dem Gärtner Aufschluss über nötige Änderungen gibt. Mit kleinen Mengen kohlensaurem Kalk oder Dolomitkalk lässt sich der pH-Wert erhöhen. Durch Düngung mit schwefelsaurem Ammoniak wird er gesenkt.

EINE GESUNDE ROSE MIT NACKTEN WURZELN
Mit mehreren kräftigen Trieben und dem gut entwickelten Wurzelsystem kann diese Pflanze von Anfang an gut gedeihen.

ROSEN KAUFEN

Rosenpflanzen werden im Handel in die Güteklassen A und B eingeteilt. Pflanzen der Güteklasse A müssen ein gut verzweigtes Wurzelwerk und mindestens drei Triebe aufweisen, bei Güteklasse B sind nur zwei Triebe erforderlich.

Rosen werden mit nackten Wurzeln (ruhende Pflanzen ohne Erde, meist auch ohne Blätter), in Kartons oder Tüten verpackt (Pflanzen mit nackten Wurzeln, die mit Torf oder ähnlichem Material umhüllt sind) oder in Containern (Pflanzen in geeignetem Substrat in einem Behälter; sie stehen im Wachstum und blühen manchmal sogar) angeboten. Bei all diesen Versandformen ist es wichtig, darauf zu achten, dass die Pflanzen weder extremen Temperaturen noch zu großer Feuchtigkeit bzw. Trockenheit ausgesetzt waren. Beim Kauf nach Katalog sollte eine zuverlässige Rosenschule gewählt werden, die Garantie auf ihre Pflanzen gibt.

PFLANZEN

Rosen werden in zwei Formen angeboten, veredelt oder wurzelecht. Veredelte Rosen sind, einfach ausgedrückt, solche, die vom Züchter mit einer wüchsigeren Pflanze, der so genannten Unterlage, verbunden wurden. Eine veredelte Rose ist an der Veredlungsstelle, einem Knoten am oberen

EINE GESUNDE CONTAINERROSE
Beim Kauf auf Pflanzen mit robusten Blättern und Trieben achten und nachsehen, ob die Wurzeln hell sind.

Ende eines kurzen Stammes, zu erkennen. Die Triebe der Rose wachsen alle aus der Veredlungsstelle hervor. Im Gegensatz dazu sind Rosen, die als wurzelecht verkauft werden, aus Stecklingen gezogen, ihre neuen Triebe entstehen oft am Wurzelstock. Diese Rosen haben keine Veredlungsstelle. Wenn Rosen im ersten Jahr keine Blüten bilden, kann es daran liegen, dass die Wurzeln austrocknen konnten, bevor die Rose gepflanzt wurde. Das kann vor oder nach dem Kauf geschehen. Neue Rosen sollten bald nach dem Kauf gepflanzt werden. Falls das nicht möglich ist, können die Wurzeln in einem Eimer mit Wasser oder unter feuchtem Sackleinen für einige Tage feucht gehalten werden; die Pflanze kann auch locker mit Erde bedeckt in einem vorläufigen Pflanzloch oder Graben aufbewahrt werden.

Beim Pflanzen einer veredelten Rose – ausgenommen solche, die gegen Ende der Saison als Containerware gekauft wurden – wird die Rose zunächst vorsichtig aus der Verpackung genommen. Packmaterial, das dazu dienen soll, die Wurzeln feucht zu halten, wird abgeschüttelt. Die Rose kommt für einige Stunden in einen Behälter mit Wasser, sodass die Wurzeln bedeckt sind. Das Pflanzloch muss etwas breiter und tiefer sein als der Wurzelstock. Dort hinein wird eine halbe Tasse Knochenmehl oder Phosphordünger (0-15-0, d. h. 15 % Phosphoranteil) gegeben. Wenn der Wurzelstock kegelförmig ist, wird etwas Erde in das Loch gegeben, sodass ein kleiner Hügel entsteht, der die Pflanze stützt.

Die Rose wird aus dem Wasser genommen und die Wurzeln werden mit der Gartenschere leicht eingekürzt. Besonders lange Wurzeln können auf eine durchschnittliche Länge zurückgeschnitten werden. Die Triebe werden ebenfalls auf 15 bis 20 cm eingekürzt und dabei über einem nach außen gerichteten Auge abgeschnitten (siehe Seite 145).

Die Rose wird in das Pflanzloch gegeben; dabei ist auf die Lage der Veredlungsstelle zu achten: In wärmeren Regionen darf sie sich 2 bis 5 cm über der Erdoberfläche befinden. In Gebieten, wo die Temperaturen im Winter regelmäßig unter -6 °C absinken, sollte sie ebenso weit unter der Erdoberfläche liegen. Es wird so lange Erde in das Pflanzloch gegeben bzw. daraus entfernt, bis die gewünschte Höhe erreicht ist. Die Pflanze wird dann mit einer Hand gehalten, die andere schüttet so lange Erde in das Pflanzloch, bis es zu zwei Dritteln gefüllt ist. Danach wird die Pflanze gut gewässert und das restliche Drittel aufgefüllt. In die lockere Erde wird ein Gießrand gedrückt und dieser mit Wasser gefüllt.

Schließlich wird Erde um die Pflanze angehäufelt, bis so viel wie möglich von den Trieben bedeckt ist. Dieser Hügel bleibt bis zu sechs Wochen auf der Pflanze; nach einigen Wochen kann man nach neuem Wachstum Ausschau halten. Viele Züchter empfehlen den Hügel vorsichtig von Hand oder mit einem weichen Strahl aus dem Gartenschlauch abzutragen. Wenn der Hügel abgetragen wird, sollten die Wurzeln gut angewachsen sein und die Triebe sollten neues Wachstum zeigen.

Containerware, die spät im Sommer gekauft wurde, oder wurzelechte Rosen werden anders gepflanzt. Ihr Wurzelsystem ist schon gut entwickelt und sollte nicht mehr als nötig gestört werden. Die Pflanze wird vorsichtig aus dem Container genommen, sodass der Wurzelballen intakt bleibt. Dicht gepackte Wurzeln werden vorsichtig gelockert. Besonders lange, gewundene Wurzeln werden am unteren Ende des Wurzelballens mit der Gartenschere abgeschnitten. Die Pflanze wird auf die richtige Höhe in das Pflanzloch gesetzt. Bei wurzelechten Rosen sollte das obere Ende des Wurzelballens mit der Erdoberfläche abschließen. Das Pflanzloch wird mit Erde aufgefüllt und die Pflanze gut gewässert. Bei diesen Rosen ist es nicht erforderlich, die Triebe abzudecken.

1. SCHRITT
Alle schwachen Triebe entfernen, lange Triebe und Wurzeln einkürzen.

2. SCHRITT
Nach dem Platzieren der Rose (siehe Text) das Pflanzloch teilweise auffüllen und gut wässern.

3. SCHRITT
Die Triebe mit zusätzlicher Erde von anderen Beeten mehr als 10 cm hoch anhäufeln.

MULCH

Mulchen bringt viele Vorteile für den Garten. Es steigert nicht nur die Attraktivität des Gartens allgemein, das Mulchmaterial kann auch die Pflanzen wie den Boden positiv beeinflussen. Eine dicke Mulchschicht (von 10 bis 15 cm) reduziert die Wasserverdunstung aus dem Boden, hält den Boden locker – dadurch ist er leicht zu bearbeiten – und verhindert die Bildung einer harten Kruste an der Oberfläche. In einem gemulchten Beet siedeln sich kaum Unkräuter an, und wenn sie auftauchen, sind sie leichter zu entfernen. Verrottender Mulch reichert den Boden mit organischer Substanz an und fördert damit eine lockere Bodenstruktur. Das Mulchmaterial kann organisch oder anorganisch sein. Organisches Mulchmaterial verrottet und muss regelmäßig aufgefüllt werden. Dafür eignen sich Holzspäne, gehäckselte Rinde, Blätter, Stroh oder Kiefernnadeln. Anorganisches Mulchmaterial muss selten ersetzt werden und ist im Allgemeinen pflegeleicht, es kann allerdings zur Bodenverdichtung beitragen und das Wasser abfließen lassen. Anorganische Mulchmaterialien sind unter anderem Kies, schwarze Plastikfolie und Abdeckgewebe. Es empfiehlt sich, das Mulchmaterial sorgfältig auszuwählen. Es muss wasserdurchlässig sein; verdichteter Mulch lässt das Regenwasser ablaufen und erschwert das Gießen. Abdeckgewebe wirkt gut gegen Unkraut, eignet sich aber nicht zur Bodenverbesserung. Manche Mulchmaterialien entziehen dem Boden beim Verrotten Stickstoff, sodass eine Stickstoffdüngung nötig wird.

WASSER

Alle Überlegungen zu Pflege und Düngung von Rosen müssen mit dem Wasser beginnen. Wasser ist der »Lastenaufzug« der Natur, der Nährstoffe aus dem Wurzelraum und der Umgebung der Pflanze in die Fasern bringt. Rosen brauchen Wasser, vertragen aber weder Überschwemmungen noch Trockenheit. Eine Rosenpflanze stirbt schnell ab, wenn der Boden in ihrer Umgebung zu nass bleibt, und welkt bei längerer Trockenheit. Wie oft und wie viel gegossen werden sollte, hängt sowohl vom Klima und der Bodenbeschaffenheit ab als auch von den Bedürfnissen der betreffenden Pflanze. Der Boden sollte bis in etwa 30 cm Tiefe feucht (aber nicht nass) gehalten werden. Damit ist gesichert, dass das Wurzelsystem die Pflanze das ganze Jahr über mit Wasser und Nährstoffen versorgen und sicher im Boden verankern kann. Auch das Mikroklima innerhalb des Gartens spielt eine Rolle: Manche Bereiche erhalten zum Beispiel mehr Regen als andere, an einer sandigen Stelle fließt das Wasser schneller ab als auf tonigem Boden, sodass öfter gegossen werden muss. Frisch gepflanzte Rosen, deren Wurzelsystem sich erst noch entwickelt, welken schnell, wenn sie nicht häufiger gegossen werden als gut angewachsene Pflanzen. Neu gepflanzte Rosen müssen gründlich gewässert werden. Leichtes Besprengen führt zu einem flachen Wurzelsystem, das bei Hitze und Trockenheit schnell verdorrt. An Standorten mit hartem Winter kann ein flaches Wurzelsystem durch das Gefrieren und Tauen des Bodens vollkommen aus der Erde gehoben (das so genannte Auffrieren) und dann vom Frost leicht geschädigt werden. Eine Mulchdecke (siehe oben) schränkt das Auffrieren ein, besonders wenn nach dem ersten Frost ein lockerer Mulch aus Kiefernnadeln oder Stroh aufgetragen wird.

DÜNGER

Rosen, die gut wachsen und üppig blühen sollen, brauchen Nährstoffe, die ihnen in Form von Dünger zugeführt werden. Die Auswahl ist riesig: Es gibt organische, anorganische, pulverisierte, flüssige, Blatt-, Depot- und andere Dünger. Manche Typen müssen häufiger gegeben werden, manche in großen Mengen, manche sind teurer als andere, manche sind nicht überall erhältlich. Organischer Dünger muss von Bodenlebewesen abgebaut werden, bevor er von den Pflanzen genutzt werden kann. Anorganische Dünger, besonders Flüssigdünger, stehen der Pflanze sofort zur Verfügung, halten aber im Boden nicht lange vor. Es empfiehlt sich, einen Dünger zu wählen, der zur Anbaumethode passt. Im örtlichen Gartencenter oder der Rosenschule können auch individuelle Fragen beantwortet werden.

Rosen sind Starkzehrer, wenn kein Depotdünger verwendet wird, sollte mehr als einmal pro Saison gedüngt werden. Düngergaben im Abstand von sechs bis acht Wochen fallen in der Regel mit dem Blütenzyklus der Rosen zusammen, sodass zu den Höhepunkten genügend Nährstoffe zur Verfügung stehen. Viele Gärtner geben zwischen diesen Düngungen noch Flüssigdünger. Vor der ersten Düngung einer neu gepflanzten Rose sollten mindestens drei Wochen vergehen, damit die Pflanze gut anwachsen kann.

Dünger sind mit Zahlenkombinationen nach dem Muster 12:12:12 ausgezeichnet. Damit wird, in dieser Reihenfolge, der Gehalt an Stickstoff, Phosphor und Kalium (N:P:K) angegeben. Dies sind die drei wichtigsten Elemente in jedem Düngemittel. Rosen und andere Blütenpflanzen brauchen einen Dünger, in dem diese Elemente zu gleichen Anteilen enthalten sind; eventuell kann der Phosphoranteil etwas höher sein.

Ein Volldünger sollte außerdem die Elemente Calcium, Magnesium und Schwefel sowie die Spurenelemente Bor, Kupfer, Eisen, Mangan, Molybdän und Zink enthalten. Nach jeder Düngung, gleich mit welchem Düngertyp, sollte gründlich gegossen werden.

SCHNITT

Pflanzen werden das ganze Jahr über beschnitten, um ihre Form zu erhalten und das Wachstum zu kontrollieren; dadurch werden die Wuchsrichtung und die Zahl der Blüten beeinflusst. Schneidewerkzeuge sind zwei Finger, die Gartenschere, die Heckenschere oder gar die Säge. Im Frühjahr, in der Regel kurz bevor die Pflanzen neu austreiben, werden alle abgestorbenen oder kranken Triebe entfernt. Diese sind braun und manchmal verwelkt. Die verbleibenden Triebe werden so weit zurückgeschnitten, bis das Mark (die schwammig wirkende Substanz in der Mitte) cremeweiß aussieht. In kälteren Regionen wird dadurch oft ein Schnitt bis hinab zur Basis notwendig. Das ist normal, die Pflanze geht dadurch nicht ein. Alle schwachen Triebe werden entfernt. Sie entziehen der Pflanze Nährstoffe, die sonst zur Bildung von Blüten verwendet würden, und sollten die ganze Saison über entfernt werden. Auch Triebe, die zur Mitte des Strauchs hin wachsen, sollten entfernt werden, damit das Zentrum offen und luftig bleibt. Dadurch wird eine gute Luftzirkulation gefördert, was die Anfälligkeit für bestimmte Krankheiten verringert. Bei sich überkreuzenden Trieben wird der schwächere entfernt, sodass nur der stärkste stehen bleibt. Schließlich werden alle Triebe entfernt, die entgegen der gewünschten Wuchsrichtung der Pflanze, zum Beispiel von der Kletterhilfe weg wachsen.

Ein Schnitt während der Wachstumsperiode erfolgt in zwei Schritten. Er trägt ebenfalls zur Formung der Pflanze bei und, was noch wichtiger ist, beeinflusst die Blütenbildung. Der erste Schritt ist das Entfernen von verwelkten Blüten. Hierzu sollte der Schnitt etwas mehr als 1 cm über einem fünffiedrigen Laubblatt ansetzen. Dort entwickelt sich ein neuer Trieb. Auch im unteren Teil des Strauchs kann so geschnitten werden. Der zweite Schritt ist das Ausbrechen der Knospen, das durchgeführt wird, nachdem die Hauptblütenknospe an der Triebspitze erscheint. Viele Sorten bilden am Ende eines Triebes mehrere Knospen. Beim Ausbrechen werden die Nebenknospen entfernt, sodass sich eine einzelne, große Blüte entwickelt. Die Knospen werden mit den Fingern abgezogen oder abgekniffen oder mit einer sehr scharfen Nagelschere abgeschnitten.

Das Ausbrechen der Knospen ist eine persönliche Entscheidung. Viele Gärtner tun es nicht, weil sie eine größere Zahl kleiner Blüten bevorzugen; insbesondere bei Teehybriden und Grandiflora-Rosen hingegen sind eher einzelne, große Blüten erwünscht. Viele Sorten bilden die Nebenknospen nach und nach, sodass sie immer wieder ausgebrochen werden müssen.

Es gibt einige Ausnahmen zu den oben beschriebenen Schnittregeln. Die wichtigsten sind:

– Einmal blühende Kletterrosen und viele Alte Rosen bilden Blüten an den Trieben der letzten Saison. Daher werden im Frühjahr nur die abgestorbenen Triebe entfernt. Nach der Blüte kann es sich lohnen, nur die Blütenblätter der welken Blüten zu entfernen, damit Hagebutten entstehen, die später in der Saison mit ihren dekorativen Farben zur Geltung kommen. Wenn sich nach der Blüte neue Triebe bilden, werden sie in die gewünschte Form geschnitten. Bei diesen Rosen bilden sich aus den Schösslingen an alten Trieben zahlreiche Blüten.

– Bei öfter blühenden Kletterrosen und remontierenden Alten Rosen sollten neben den abgestorbenen Trieben im Frühjahr auch die verwelkten Blüten vollständig entfernt werden, damit sich neue Blüten entwickeln können.

– Floribunda-, Polyantha- und Strauchrosen bilden Blütenbüschel, das heißt, für sie ist es normal, mehrfach Blüten zu entwickeln. Die Büschel bestehen aus drei oder mehr Blüten. Damit alle gleichzeitig aufblühen, sollte die erste große Knospe früh ausgebrochen werden. Dadurch entwickeln sich die Nebenknospen gleichmäßiger.

Weitere Informationen erhält man z.B. vom Verein Deutscher Rosenfreunde (Adresse siehe Seite 160).

SCHLECHTE SCHNITTE

1. Dieser Schnitt sitzt zu dicht an der Knospe, sodass diese austrocknen kann und für Krankheiten anfällig wird.
2. Ausgefranste Schnitte entstehen durch stumpfes Werkzeug und können nicht sauber verheilen; so haben Krankheiten und Insekten leichtes Spiel.
3. Dieser Schnitt sitzt zu hoch über der Knospe. Der Triebabschnitt oberhalb der Knospe stirbt ab und hinterlässt einen hässlichen Stumpf.
4. Der Schnitt sitzt zwar an der richtigen Stelle über der Knospe, ist aber zur Knospe hin abgeschrägt, sodass Wasser dorthin und nicht von der Knospe weg geleitet wird.
5. So entwickelt sich der Schnitt aus Bild 2 in der Regel weiter.

DER RICHTIGE SCHNITT

Der Schnitt sollte etwa 1/2 cm über der Knospe sitzen und zur anderen Seite hin abgeschrägt sein. An der Schnittfläche sollte in der Mitte des Triebes gesundes weißes Mark zu sehen sein. Das richtige Schneiden kann an bereits abgeschnittenen Ästen oder an wild wuchernden Pflanzen, die eine einschneidende Behandlung brauchen, geübt werden.

NEU GEPFLANZTE ROSEN SCHNEIDEN

Neue Triebe, die sich an einer frisch gepflanzten Rose entwickeln, sind eine Belastung für das noch nicht angewachsene Wurzelsystem. Um diese auszugleichen, sollte ein Teil der Triebe entfernt werden.

Wie viel von den Trieben entfernt wird, hängt von der Rosengruppe ab. Im Allgemeinen werden die Triebe von Rosen, die hoch aufwachsen, länger gelassen als bei niedriger bleibenden Pflanzen.

ANGEWACHSENE ROSEN SCHNEIDEN

Viele Moderne Rosen müssen im Frühjahr kräftig zurückgeschnitten werden. Alle abgestorbenen und nach innen wachsenden Triebe sowie die schwächeren von sich kreuzenden Trieben werden entfernt.

Der Frühjahrsschnitt soll einen offenen Rahmen für die Triebe und Blüten der Saison bewirken. Es lohnt sich also, etwas Zeit auf die Schaffung einer Pflanze mit offenem Zentrum und gleichmäßig verteilten Trieben zu verwenden.

KNOSPEN AUSBRECHEN

FÜR GRÖSSERE EINZELBLÜTEN
Wenn sich junge Knospen zeigen, werden diese bis auf die Endknospe entfernt, damit sich eine einzelne, große Blüte entwickelt. Diese Technik wird vor allem bei Teehybriden angewandt.

FÜR GLEICHMÄSSIGE BLÜTENBÜSCHEL
Die größte, meist in der Mitte stehende Knospe wird ausgebrochen, damit die anderen Knospen in etwa zur gleichen Zeit blühen. Wird die mittlere Blüte stehen gelassen, ist die Blütezeit etwas länger.

VERWELKTE BLÜTEN ENTFERNEN

WILDTRIEBE ENTFERNEN

TEEHYBRIDEN UND GRANDIFLORAS
Verwelkende Blüten werden entfernt, sodass sich aus einem Triebauge ein neuer Trieb entwickeln kann. Der Schnitt wird über einem fünffiedrigen Blatt an einem nach außen gerichteten Auge angesetzt.

FLORIBUNDAS
Die verwelkten Blüten eines Büschels können einzeln oder in der ganzen Gruppe entfernt werden. Die erste Methode ist vielleicht arbeitsintensiver, wirkt jedoch im Ganzen ordentlicher. Es wird wie bei den Teehybriden geschnitten.

Wildtriebe entwickeln sich unterhalb der Veredlungsstelle an veredelten Rosen. Bleiben sie an der Pflanze, entwickeln sich Wildtriebe oft schneller als die gewünschten Triebe. Die Blätter der Wildtriebe sehen fast immer anders aus als die der Edeltriebe, sie haben beispielsweise mehr Fiedern oder einen anderen Grünton. Zum Entfernen des Wildtriebs wird die Erde vorsichtig beiseite geräumt, bis zu der Stelle, wo der Wildtrieb entspringt, dann wird dieser sorgfältig abgedreht. Ist der Wildtrieb bereits größer und dicker geworden, wird er so dicht wie möglich an der Pflanze abgeschnitten.

SCHÄDLINGSBEKÄMPFUNG

Der erste und beste Schutz gegen Schädlinge ist eine gesunde Pflanze. Krankheiten und Schadinsekten haben eine fast unheimliche Fähigkeit, schwache, anfällige Pflanzen zu finden und zu befallen. Gut gedüngte, gut gegossene Pflanzen im richtigen Boden, auf denen zahlreiche Nützlinge leben, halten den Angriffen stand. Die örtliche Rosenschule oder der Verein Deutscher Rosenfreunde (Adresse siehe Seite 160) kann Sorten empfehlen, die besonders krankheitsresistent sind.

Der zweite Schutz ist Aufmerksamkeit. Viele Schädlinge lassen sich beim ersten Befall leicht entfernen, zum Beispiel durch Zerdrücken einer kleinen Blattlauskolonie oder durch Ausbrechen von Blättern mit Anzeichen von Sternrußtau. Werden nicht alle Schadinsekten entfernt, bleiben einige als Nahrung für Nützlinge übrig.

Wird ein Problem entdeckt, sollte zunächst die Ursache festgestellt und dann ein geeignetes Gegenmittel eingesetzt werden. Wird ein Pestizid gebraucht, empfiehlt sich zuerst die am wenigsten giftige Substanz, Insektizidseife zum Beispiel, Weißöl oder Neemöl. Der Einsatz von stärkeren Chemikalien, falls diese benötigt werden, sollte sich auf die betroffene Zone beschränken. Dabei sollten die Angaben des Herstellers gelesen und insbesondere die Sicherheitshinweise genau befolgt werden.

SCHADINSEKTEN

Manche Insekten verursachen Probleme, andere lösen sie; die meisten können einfach ignoriert (oder bewundert) werden. Die wenigen Arten, die Rosengärtnern am meisten Kopfschmerzen bereiten, sind Blattläuse, Spinnmilben und Thripse.

Eine große Ansammlung von Blattläusen auf einer Knospe ist ein erschreckender Anblick, aber in der Regel sind die Tiere eher unschön als wirklich gefährlich. In besonders großer Zahl treten sie im zeitigen Frühjahr und Spätherbst auf; im Laufe der Saison nimmt ihre Anzahl zu oder ab, je nachdem, wie stark die Nützlinge Jagd auf sie machen. Blattläuse scheinen über Nacht aufzutreten, da sie sich sehr schnell vermehren, um den Raubinsekten möglichst voraus zu sein. Sie können durch Zerdrücken oder Abwischen leicht in Grenzen gehalten werden. Viele Chemikalien wie Insektizidseife, Weißöl, Neemöl oder Pyrethrum-Präparate töten Blattläuse.

Spinnmilben treten auf, wenn die Tage heiß und trocken sind. Das erste Anzeichen für Milben sind leichte Flecken auf der Oberfläche von Blättern in Bodennähe. Bei genauerem Hinsehen ist ein feiner Belag zu erkennen: eine Mischung aus Gespinst, Schmutz, Kot, Eiern und Milben. Die meisten Insektizide töten Spinnmilben nicht. Die wichtigste Gegenmaßnahme besteht darin, die Unterseite der Blätter mit einem starken Wasserstrahl abzuspritzen. Insektizidseife kann ebenfalls wirken. Für ernste Fälle sind spezielle Mittel gegen Milben im Handel; ein Gartencenter oder eine Rosenschule kann Empfehlungen abgeben.

JAPANKÄFER
Diese farbenfrohen Insekten sind der Albtraum vieler Rosengärtner, denn sie schädigen Knospen, Blüten und Blätter innerhalb von Minuten. Die Käfer stammen ursprünglich aus Japan, sind aber inzwischen auch in westlichen Ländern, vor allem in den USA, verbreitet.

Thripse sind kleine Sauginsekten, die Blütenknospen schädigen, sodass sich missgebildete Blüten oder Blütenblätter mit braunen Rändern entwickeln; manchmal können sich die Knospen nicht mehr öffnen. Thripse verstecken sich in Knospen und Blüten und sind schwer zu bekämpfen. Nützlinge wie Raubmilben und Raubwanzen können den Befall in Grenzen halten, aber in schweren Fällen kann es nötig werden, die Pflanze alle zwei bis drei Tage mit einem Insektizid zu bestäuben, bis das Problem gelöst ist.

KRANKHEITEN

Krankheitsbekämpfung ist eigentlich Vorbeugung. Wenn sich die ersten Anzeichen zeigen, kann es schon zu spät sein, um die weitere Ausbreitung zu verhindern. Eine gute Gartenpraxis ist der erste Schritt. Wie gegen Insekten sind gesunde Pflanzen auch resistent gegen Krankheiten. Pflanzen, die durch Trockenheit oder schnelles Wachstum infolge zu starker Stickstoffdüngung belastet sind, können ihre natürliche Abwehr gegen Krankheiten nicht mehr aufrechterhalten. Aufräumen im Garten reduziert die Krankheitsherde. Abgefallene Blätter, die im Beet bleiben, können die Krankheit auf andere Sträucher übertragen; das Entfernen von kranken Blättern, sobald sie sich zeigen, trägt dazu bei, die Verbreitung von Krankheiten zu verhindern. Zwar wurde in der letzten Zeit einige Mühe darauf verwendet, krankheitsresistente Rosen zu erkennen und zu züchten, aber resistent ist noch nicht immun. Mit einem regelmäßigen Spritzprogramm lassen sich Krankheiten leicht in Schach halten. Dieses sollte sofort beginnen, wenn sich im Frühjahr die neuen Triebe zeigen, und fortgesetzt werden, bis im Herbst die Ruhezeit der Pflanzen beginnt. Es gibt viele verschiedene Programme. Das intensivste und am wenigsten schädliche ist das tägliche Besprühen der Sträucher mit Wasser, um Sporen abzuwaschen. Etwas weniger arbeitsintensiv ist der wöchentliche Einsatz von Natrium- oder Kaliumbikarbonat-Produkten; je nach Wetter und Wachstum der Pflanzen muss auch häufiger gespritzt werden.

Sternrußtau und Echter Mehltau sind die wichtigsten Rosenkrankheiten. Sternrußtau ist an den schwarzen Flecken und gelb verfärbten Blättern zu erkennen; die kranke Pflanze wird geschwächt und verliert schnell ihre Blätter. Sternrußtau tritt bei warmem Wetter im späten Frühjahr und Sommer auf und befällt in der Regel zuerst die älteren Blätter im unteren Teil der Pflanze. Echter Mehltau ist an einer weißen Schicht auf den Blättern und Knospen zu erkennen und deformiert neue Triebe und Blüten. Er tritt bei kühlem, feuchtem Wetter im Frühjahr und Herbst auf und befällt meist neue Triebe. Falscher Mehltau, Brennfleckenkrankheit und Rosenrost sind andere Krankheiten, die in verschiedenen Regionen auftreten. Über die richtige Behandlung beraten die örtliche Rosenschule oder Informationsdienste der Pflanzenschutzämter.

Spritzen

Es empfiehlt sich, das richtige Spritzgerät für den betreffenden Garten zu wählen. Nichts macht das Spritzen lästiger, als ständig das Gerät neu befüllen zu müssen. Beim Spritzen sollten die Angaben des Herstellers genau eingehalten und Schutzkleidung, die Arme und Beine bedeckt, getragen werden, am besten auch noch ein Hut. Falls dies auf der Packung angegeben ist, sollten auch eine Schutzbrille und eine Atemschutzmaske angelegt werden. Die Pflanze sollte vollständig gespritzt werden, insbesondere auch die Blattunterseiten, wo sich viele Krankheitsorganismen verstecken. Das gespritzte Produkt kann sich durch die Luft ausbreiten und andere Pflanzen in Mitleidenschaft ziehen, daher sollte nur an windstillen Tagen oder früh am Morgen gespritzt werden.

Winterschutz

In wärmeren Regionen brauchen Rosen nur wenig oder gar keinen Schutz vor Kälte. Wo die Temperaturen allerdings regelmäßig unter -4 °C fallen, sind einige Vorkehrungen angebracht. In den meisten Regionen reicht das Anhäufeln der Pflanzen mit 15 bis 20 cm Erde, Kompost oder Mulch aus. In sehr kalten Gebieten kann dieser Schutz noch durch einen mit Laub gefüllten Kragen aus Maschendraht um den Erdhügel verstärkt werden. Im Handel sind verschiedene Schutzabdeckungen erhältlich. Rosenbäumchen oder Hochstämme haben zwei Veredlungsstellen, eine auf Bodenhöhe und eine weiter oben am Stamm. Diese müssen beide vor Kälte geschützt werden. Je nachdem, wie streng der Winter üblicherweise wird, kann die obere Veredlungsstelle mit Sackleinen umwickelt werden, oder die ganze Pflanze wird in einen Graben gelegt und locker abgedeckt. Rosenbäumchen im Kübel können an einen frostfreien Platz, etwa im Schuppen oder in der Garage, gebracht werden. Die Wurzeln dürfen nicht austrocknen.

Rosen in Kübeln

Rosen gedeihen sehr gut in Kübeln. Das Pflanzgefäß sollte die richtige Größe für die Rose haben: Eine normale Rose braucht ein 65-Liter-Gefäß, eine Zwergrose ein 15- bis 30-Liter-Gefäß. Terrakotta- und Holzgefäße saugen Wasser auf, sodass die Pflanze öfter gegossen werden muss als in einem Plastikgefäß.

DOPPELDECKER
'Flower Carpet Pink' wird hier als Hochstamm und als normale Kübelpflanze eingesetzt. Die Wirkung ist überzeugend.

ROSEN

ROSEN ARRANGIEREN

Rosen werden schon seit Menschengedenken verwendet, um Wohnungen, öffentliche Plätze und Tempel zu schmücken. Schriftliche und bildnerische Überlieferungen zeigen Rosen an vielen Schauplätzen: als einzelne, perfekte Blüte in einer japanischen Teezeremonie, in großen, üppigen Gestecken im europäischen Stil, als einfachen Gruß aus dem Bauerngarten, in Brautsträußen und heutzutage auch auf Blumenausstellungen.

Rosen sind die idealen Blumen für Gestecke. Keine andere Blüte ist so haltbar, hat so großen symbolischen Wert oder bietet so viel Auswahl in Form, Farbe, Größe und Duft. Teehybriden sind im Handel am leichtesten als Schnittrosen erhältlich, aber die kreativen Möglichkeiten von Zwergrosen, der Blütenbüschel von Floribunda-Rosen, der dicht gefüllten Blüten von Alten Rosen und sogar der Hagebut-

BUNT GESTREIFT
Löwenmäulchen, Dahlien, Gartenrittersporn, Johanniskrautbeeren, geflammter Efeu und Ahornblätter bilden in diesem Gesteck den Hintergrund für exotisch gestreifte Rosen. Hierfür eignet sich die Bourbon-Rose 'Variegata di Bologna' (siehe Seite 30) oder die Floribunda-Rose 'Scentimental' (siehe Seite 82).

EINE FARBEXPLOSION
In diesem üppigen Strauß kontrastieren Zinnien, Hahnenkamm, Lilien, *Trachelium*, Gartenrittersporn Ehrenpreis, Amarant, geflammter Efeu, Schneebeere, Schneeball und Gräser mit rosafarbenen Rosen.

150

ten aus dem Garten sind nicht zu unterschätzen.

Die verschiedenen Blütenstadien bieten weitere Auswahlmöglichkeiten. Von der spitzen Knospe bis zur weit geöffneten, kreisförmigen Blüte schaffen die verschiedenen Öffnungsstadien der Rosenblüte die richtige Dynamik für ein Gesteck.

Rosen passen zu allen Anlässen und Gelegenheiten. Ihre samtigen Blütenblätter, ihr glänzendes Laub und die spitzen Stacheln (»Dornen«) bilden einen interessanten Kontrast zu Gefäßen jeder Art. Rosen in warmen Rot-, Orange-, Lachs- oder Gelbtönen passen gut zu Weidenkörben, Holz, Keramik oder Messing. Kühlere Farben – Weiß, Violett, Rosa – wirken eindrucksvoll in modernen Keramik- oder Glasgefäßen oder in antikem Silber.

Ein einfacher Rosenstrauß oder ein üppiges Gesteck mit weiteren Blüten und Pflanzen kommt immer gut an, aber es gibt noch viele andere Stilrichtungen. Viele Rosen- oder Gartenclubs bieten Informationen zu traditionellen, modernen oder asiatischen Gestecken. Auch auf Ausstellungen sind viele gute Ideen zu finden, manchmal werden eigene Wettbewerbe für Blumenarrangements veranstaltet.

HERZLICH WILLKOMMEN
So wird ein Windlicht zum Blickfang bei jedem Fest. Gelbe Teehybriden verbinden ihre warmen Farben mit Schafgarbe, Löwenmäulchen und limonengrünem Frauenmantel. Etwas Moos sorgt für Abwechslung in der Struktur und die Kerze im passenden Farbton weist in die Höhe.

GANZ IN ROT
Dieses Gesteck ist eine Abwandlung des Grundtyps auf der gegenüberliegenden Seite oben. Rote Teehybriden und kleinere, büschelblütige Rosen (wahrscheinlich eine mit den Polyantha- oder Zwergrosen verwandte Sorte) sind vor einem Hintergrund aus panaschierter Stechpalme, rötlichem *Leucadendron*, Efeubeeren und verschiedenen Blättern, Zweigen, Rindenstücken, Zapfen und Flechten arrangiert.

ROSEN ARRANGIEREN

RECHTS
In diesem traditionellen Gesteck von Kathy Noble sorgen die Teehybride 'Touch of Class' und trockene Schilf-Blütenstände für Struktur und Dynamik. Traditionelle Gestecke beruhen auf geometrischen Formen, die das Auge auf einen Schwerpunkt direkt über dem Rand des Gefäßes lenken.

RECHTE SEITE LINKS OBEN
Dieses kleine Gesteck von Susan Liberta ist weniger als 20 cm hoch. Alle Grundsätze für größere Arrangements gelten auch hier, nur die Größe des Materials ist anders.

RECHTE SEITE LINKS UNTEN
Dan Faflak arrangierte dieses fernöstlich inspirierte Gesteck mit zwei Floribunda-Rosen und nach oben weisenden Elementen. Im echten Ikebana, der japanischen Blumensteckkunst, gibt es keinen Wettbewerb. Dennoch sind Gestecke »im asiatischen Stil« (als einfache Darstellung der Beziehung zwischen Natur und Mensch) eine willkommene Abwechslung bei jeder Blumenschau.

RECHTE SEITE RECHTS OBEN
Ein modernes Arrangement in freier Form mit den Farben und Strukturen der Wüste. Patricia Freeman verwendete dafür die Teehybride 'Flaming Beauty'. Moderne Gestecke stellen die heutige Welt in kräftigen Farben und Formen und in dynamischen Linien dar.

RECHTE SEITE RECHTS UNTEN
Ein beeindruckendes Arrangement mit modernen Materialien von Patricia Freeman mit der Teehybriden 'Pristine'. Dieses Gesteck wirkt auf einem schwarzen Podest vor schwarzem Hintergrund wie schwebend.

ROSEN TROCKNEN

Die geeignetste unter den verschiedenen Methoden, Rosen zu trocknen, besteht darin, die Blüten in ein Trocknungsmittel aus Kieselgel einzulegen. Dieses feine Granulat ist unter verschiedenen Bezeichnungen in Bastel- und Blumengeschäften erhältlich und enthält blaue Indikator-Kristalle, die rosa werden, wenn das Granulat mit Feuchtigkeit gesättigt ist. Außer dem Kieselgel werden luftdichte Behälter zum Trocknen und Aufbewahren der Blüten gebraucht. Dazu eignen sich die verschiedensten Gefäße wie Gebäckdosen oder Frischhaltedosen. Des Weiteren werden ein kleiner, weicher Künstlerpinsel gebraucht, Blumendraht mittlerer Stärke, schnell trocknender, transparenter Haushaltskleber, kleine Plastikschälchen – z.B. Deckel von Margarinedosen –, matter, transparenter Sprühlack und Kartons mit Deckel für die Aufbewahrung. Das Kieselgel ist vermutlich das teuerste der benötigten Materialien, aber auch dies ist gelegentlich im Sonderangebot erhältlich. Zum Trocknen von großblütigen Rosen sind mindestens zweieinhalb bis fünf Kilo Trocknungsmittel erforderlich. Für Zwergrosen wird weniger gebraucht.

Die Farben werden im Allgemeinen beim Trocknen intensiver. Blüten zum Trocknen sollten geschnitten werden, nachdem der Morgentau abgetrocknet ist. Für ein optimales Ergebnis sollten die Blüten ins Wasser gestellt werden, bis sie angeschwollen (nicht mehr schlaff) sind. Rosen sollten in verschiedenen Blütenstadien geschnitten werden, von der Knospe bis zu drei Viertel geöffnet, um etwas Abwechslung in das Arrangement zu bringen. Vollständig geöffnete Blüten eignen sich nicht, da sie leicht ihre Blütenblätter verlieren.

Um großblütige Rosen zu trocknen, werden die Stiele bis auf 2,5 cm abgeschnitten und ein 2 cm langes Stück Blumendraht hineingesteckt. Daran wird nach dem Trocknen der »Ersatz«-Stiel befestigt. Der Draht wird am Ende des Stieles waagerecht gebogen. Die so vorbereiteten Blüten werden aufrecht in eine Dose oder Schachtel mit etwa 4 cm Kieselgel gestellt, sodass sie sich nicht berühren. Dann wird das Gel sorgfältig weiter aufgefüllt, bis die äußeren Blätter jeder Blüte aufliegen. Danach wird das Gel vorsichtig über die Rosen gegeben, bis sie gut bedeckt sind. Der Behälter wird luftdicht verschlossen und, mit dem Datum und den Rosensorten beschriftet, beiseite gestellt. Nach etwa einer Woche kann das Trocknungsmittel entfernt werden. Wenn die Blütenblätter knistern und der Kelch hart ist, kann die Rose herausgenommen werden. Ist der Kelch noch weich, sollte die Blüte mit etwa 2,5 cm Kieselgel wieder in den Behälter gestellt werden und diesmal nur der Kelch mit Gel bedeckt werden. Der Behälter wird dann wieder luftdicht verschlossen, beschriftet und drei Tage stehen gelassen, bis die Rose vollständig trocken ist.

Nach dem Entfernen des Kieselgels wird jede Blüte vorsichtig mit dem Künstlerpinsel abgestaubt, damit keine Spuren des Trocknungsmittels an den Blütenblättern bleiben. Das ist wichtig, denn das Trocknungsmittel kann Feuchtigkeit aus der Luft aufnehmen und auf die Blume übertragen, sodass die Blütenblätter schlaff werden. Blütenblätter, die beim Trocknen oder Reinigen abfallen, können mit schnell trocknendem Klebstoff wieder befestigt werden. Vor dem Aufbewahren muss der Klebstoff trocken sein. Zwergrosen, die mit den Stielen getrocknet wurden, wirken natürlicher als solche mit Stielen aus grün umwickeltem Blumendraht – und Zwergrosenstiele sind überraschend robust.

FEUERKRANZ
Getrocknete Rosen in drei Farben, die hier mit Mohnkapseln und Amarantköpfen kombiniert und mit Stoff verziert wurden, bilden einen fröhlichen Kranz für Sommer und Winter.

EIN KORB VOLL WÄRME
Ein Korb mit luftgetrockneten Rosen in warmen Farben bringt an dunklen Wintertagen etwas Glut in die Wohnung.

Rosen trocknen

EINFACH
Ein Strauß getrockneter Rosen in einem antiken Blumentopf, verziert mit rustikaler Kordel, wirkt einfach, aber eindrucksvoll.

Die Zwergrosen sollten je nach Sorte und Öffnungsstadium mit Stielen von 10 bis 20 cm Länge geschnitten werden. Dabei sollten Knospen nach Möglichkeit längere Stiele haben, da sie im Gesteck weiter oben und außen angeordnet werden. Zwergrosen können mit den Stielen liegend in kleinen, luftdicht verschließbaren Behältern getrocknet werden. Zunächst wird etwa 0,5 cm Kieselgel in den Behälter gegossen. Die Rosen, mit nur noch wenig Laub, werden hineingelegt, sodass sie sich nicht berühren. Wie bei den größeren Rosen wird nun Gel aufgefüllt, sodass die äußeren Blütenblätter aufliegen und fast bedeckt sind. Die Dose wird leicht geschüttelt, damit sich das Trocknungsmittel zwischen den Blütenblättern verteilt, dann wird weiter Gel hinzugegeben, bis die Blüten ganz bedeckt sind. Wenn das Gefäß tief genug ist, können weitere Schichten eingelegt werden. Der Behälter wird luftdicht verschlossen, beschriftet und beiseite gestellt. Manche Zwergrosen brauchen nur vier bis fünf Tage zum Trocknen, andere jedoch länger als eine Woche. Wie bei den größeren Rosen muss kontrolliert werden.

KLEIN, ABER OHO
Dieses Gesteck aus Zwergrosen und Kontrastmaterial ist nur wenige Zentimeter hoch, aber ein echter Blickfang.

Wenn die Rosen aus dem Gel genommen und abgestaubt wurden, können sie weiterverwendet oder aufbewahrt werden. Zur Aufbewahrung von größeren Rosen eignen sich tiefe, saubere, luftdicht verschließbare Behälter. Blumensteckschaum wird so zugeschnitten, dass er in den Behälter passt. Um Schaden durch Feuchtigkeit zu vermeiden, wird eine kleine Vertiefung in den Schaum geschnitten und ein Plastikschälchen mit Kieselgel hineingestellt. Die getrockneten Rosen werden mit gerade gebogenen Drähten in den Schaum gesteckt. Der Behälter wird luftdicht verschlossen, beschriftet und bis zum Gebrauch an einem dunklen, trockenen Ort aufbewahrt. Schachteln aus Wellpappe mit Deckel schützen gut vor Licht, das die Farben schneller verblassen lässt. Zwergrosen können auch liegend in luftdichten, sauberen Behältern, wie etwa den Trocknungsbehältern, aufbewahrt werden, mit einem Schälchen Trocknungsmittel in einer Ecke. Getrocknete Rosen verlieren mit der Zeit ihre Farbe, was einen leichten Antikeffekt bewirken kann. Um diesen Prozess aufzuhalten, kann ein matter Klarlack aufgesprüht werden.

ANDERE METHODEN

Hinweis: Das Klima ist ein wichtiger Faktor, wenn es darum geht, Rosen zum Basteln oder Dekorieren zu trocknen. In Regionen mit hoher Luftfeuchtigkeit sind andere Methoden erforderlich als in trockenerem Klima, obwohl das Prinzip das gleiche ist. Der erste und wichtigste Schritt ist es, mit frischen Rosen ohne Feuchtigkeit von außen zu beginnen. Bei der Arbeit mit regennassen Rosen werden die Stiele noch einmal frisch angeschnitten und in eine Vase gestellt, bis die Blüten nicht mehr feucht sind.

- **Lufttrocknung** – Dies ist die einfachste Technik. Die Rosen werden mit ca. 30 cm Stiel geschnitten, zusammengebunden und mit dem Kopf nach unten aufgehängt. In feuchten Regionen sollten sie für etwa zwei Wochen in einen dunklen Raum gehängt werden. In trockeneren Gebieten können sie innerhalb von drei oder vier Tagen auch bei Tageslicht trocknen.

- **Trocknen in der Mikrowelle** – Dies geschieht mit der links beschriebenen Kieselgel-Technik, am besten in Glasgefäßen. Diese werden für drei Minuten in die hochgeschaltete Mikrowelle gestellt. Der Boden und die Wände des Gefäßes sollten am Ende erhitzt sein. Großblütige Rosen brauchen ungefähr genauso viel Zeit wie Zwergrosen. Der Vorteil des Trocknens in der Mikrowelle ist die Geschwindigkeit, allerdings verlieren die Blüten dabei zum größten Teil die Farbe und werden sehr zerbrechlich.

- **Dörrofen** – Dabei werden so viele Blüten auf das Gitter eines handelsüblichen Dörrofens für Lebensmittel gelegt, wie es möglich ist, ohne dass sie sich berühren. Die Temperatur wird auf 38 °C eingestellt und das Gerät bei kleineren und mittelgroßen Blüten für 24 Stunden eingeschaltet. Temperatur und Zeit für größere Rosen müssen ausprobiert werden. Der Vorteil dieser Methode ist, dass kein Trocknungsmittel übrig bleibt und die Farben weniger verblassen. Der Nachteil ist, dass die Blüten schrumpfen und die Farben sich stärker verändern als mit Kieselgel.

- Es findet sich immer eine Verwendung für getrocknete Rosen, auch wenn sie nicht perfekt getrocknet sind. Zum Beispiel kann eine schiefe Blüte in einem Kranz oder einer Girlande mit der schönsten Seite nach außen platziert werden. Rosen, die beim Trocknen auseinander fallen, können für ein Potpourri verwendet werden. Eine Blüte, die beim Entfernen des Trocknungsmittels ein oder zwei Blütenblätter verliert, kann mit Klebstoff gerettet werden.

- Um Verbrennungen beim Heißkleben mit einer Klebepistole zu vermeiden, kann der Klebstoff in einer kleinen Bratpfanne erhitzt und der Ansatz der Blütenblätter hineingetaucht werden. Mit dem auf die höchste Stufe gestellten Haartrockner lassen sich die Klebespuren an einer fertigen Arbeit entfernen; in der Hitze lösen sich die Klebefäden auf und verschwinden.

- Trockengestecke halten länger, wenn sie nicht in der vollen Sonne oder in feuchten Räumen wie Küche oder Bad hängen.

GLOSSAR

Anhäufeln – Bildung eines kleinen Hügels aus Erde bzw. Mulch um die Basis einer Pflanze.

Auge – Vegetationsknoten an der Stelle, wo ein Blatt am Spross sitzt. Ersatztriebe bilden sich an dieser Stelle.

Austrieb – Neuer Trieb, der aus einem ruhenden Auge wächst.

Basaltrieb – Neuer Trieb, der an der Veredlungsstelle an der Basis der alten Triebe ansetzt.

Blindtrieb – Ein Trieb, an dem sich keine Blüte bildet.

Blütenblatt – Farbiger Teil der Pflanze. Siehe Tabelle Zahl der Blütenblätter.

Blütenstand – Büschel von Blüten (oder eine einzelne Blüte) an einem Stiel.

Blütenstiel – Teil des Triebes zwischen der Blüte und dem ersten Blatt.

Bodendecker – Umgangssprachliche Bezeichnung für manche Strauchrosen mit biegsamen, nieder liegenden Trieben oder von eher horizontalem Wuchs.

Brennfleckenkrankheit – Eine Pilzkrankheit, ähnlich wie Sternrußtau, tritt aber häufiger bei Kletterrosen auf.

Chlorose – Vergilben sonst grünen Gewebes, meist auf Grund von Eisen-, Stickstoff- oder sonstigem Nährstoffmangel. Gelbe Blätter mit grünen Adern sind ein deutliches Anzeichen von Chlorose.

Dornen – Siehe Stachel.

Dünger, anorganischer – Dünger auf mineralischer oder chemischer Basis.

Dünger, organischer – Dünger aus tierischer oder pflanzlicher Substanz, wie Hornspäne, Knochenmehl oder Rizinusschrot.

Echter Mehltau – Eine Pilzkrankheit, die eine weiße, baumwollartige Schicht auf der Pflanze hervorruft, die später zu schwarzen, faltigen Blättern führt; tritt besonders in Zeiten mit warmen Tagen und kühlen Nächten auf.

Edelauge – Auge, das zur Vermehrung von Rosen durch Okulieren verwendet wird.

Falscher Mehltau – Pilzkrankheit, die bei kaltem, feuchtem Wetter auf jungen Blättern und Trieben unregelmäßige violette Flecken hervorruft; kann für die Pflanze tödlich sein.

Fungizid – Produkt, das zur Bekämpfung von Pilzkrankheiten eingesetzt wird.

Hagebutte – Frucht (enthält die Samen) einer Rose. Sie bildet sich bei manchen Rosen nach dem Abfallen der Blütenblätter.

Hybride – Siehe Kreuzung.

Integrierter Gartenbau – Methode, bei der neben den handelsüblichen Pestiziden auch biologische oder andere umweltfreundliche Schädlingsbekämpfungsmittel eingesetzt werden.

Kelch – Die grüne Umhüllung der Knospe, die sich zu fünf Kelchblättern öffnet.

Kelchblatt – Eines der fünf grünen Deckblätter der Rosenknospe. Wenn sich die Blüte öffnet, falten sie sich zurück.

Knospe – Ansatz zu einer Blüte, deren Blütenblätter sich noch nicht entfaltet haben.

Knospen ausbrechen – Das Entfernen junger Knospen, um den restlichen Knospen optimale Entwicklungsmöglichkeiten zu bieten.

Komposterde – Nährstoffreiches Endprodukt aus verrotteter organischer Substanz, das sich zur Düngung und Bodenverbesserung eignet.

Kreuzung – Ergebnis der generativen Fortpflanzung (durch Bestäubung) von zwei verschiedenen Pflanzensorten oder -arten.

Krone – Siehe Veredlungsstelle.

Kronengalle – Bakterielle Krankheit, welche die Krone oder einen Knospenstand befällt und massenhaft knotige, korkige Auswüchse mit kleinen, dünnen Wurzeln hervorruft.

Mark – Die schwammige Substanz im Inneren der Stiele. Dunkles Mark deutet auf einen kranken Stiel hin.

Mulch – Abdeckung für den Boden, die Feuchtigkeit und Wärme halten sowie Unkrautbefall verhindern soll.

Okulieren – Die Veredlung eines Auges auf eine Unterlage. Dies ist die übliche Vermehrungsmethode im Erwerbsgartenbau.

Pestizid – Schädlingsbekämpfungsmittel, z.B. Fungizide oder Insektizide.

pH-Wert – Maßeinheit für den Säuregehalt des Bodens. Ein pH-Wert von 7,0

HAGEBUTTEN
ROSA CANINA

ist neutral, weniger ist sauer, mehr ist alkalisch.

Pinzieren – Entfernen unerwünschter Knospen nach dem Schnitt mit den Fingern.

Remontierend – Öfter blühend.

Rosenöl – Ein gelbliches Öl, das aus Rosen-Blütenblättern destilliert und in der Parfümherstellung verwendet wird.

Rückschnitt – Planmäßiges Entfernen von Pflanzenteilen, um die Pflanze in die richtige Form zu bringen oder zu besserer Blüte anzuregen.

Seitentrieb – Trieb, der von einem Haupttrieb abzweigt.

Sitzen bleiben – Volle, gut entwickelte Knospen öffnen sich nicht.

Sorte – Wird auch als Kreuzung oder Hybride bezeichnet.

Sport – Veränderung der Eigenschaften eines Teils der Pflanze, in der Regel der Blütenfarbe oder der Pflanzengröße. Die veränderten Triebe können vermehrt werden, sodass daraus neue Sorten entstehen.

Stachel – Botanisch korrekte Bezeichnung der umgangssprachlichen »Dornen« der Rose.

Staubfaden – Einer der Pollen tragenden männlichen Teile im Zentrum der Pflanze. Meist sind die Staubfäden zunächst gelb und werden mit der Zeit dunkler.

Steckling – Teil des Triebes, der zur Vermehrung verwendet wird.

Stempel – Der weibliche Teil im Zentrum der Blüte.

Sternrußtau – Eine Pilzkrankheit, die an den schwarzen, oft von hellgelbem Gewebe umgebenen Flecken auf den Blättern zu erkennen ist; sie schwächt die Pflanze und lässt sie schließlich die Blätter verlieren.

Systemisches Mittel – Insektizid oder Fungizid, das in das Gefäßsystem der Pflanze aufgenommen wird.

Trieb – Spross einer Rosenpflanze, der Blätter, Blüten und Früchte trägt. Neue Triebe sind in der Regel grünbraun oder rot. Ältere Triebe sind braun oder gräulich und gestreift.

Unterlage – Rosensorte mit kräftigem Wurzelsystem, auf die Edelreiser anderer Sorten veredelt werden können.

Veredeln – Verfahren, bei dem ein Trieb oder ein Auge der einen Pflanze mit dem Trieb einer anderen verbunden wird. Wird allgemein zur Vermehrung von Rosen und anderen Gehölzen angewandt.

Veredlungsstelle – Vergrößerter Knoten am oberen Ende der Unterlage, wo das Edelreis aufgebracht wurde.

Verkümmern – Schrittweises Absterben eines Triebes von der Spitze her.

Wildtrieb – Trieb, der sich unterhalb der Veredlungsstelle, meist auch unter der Erdoberfläche, an der Unterlage bildet.

Wurzelecht – Nicht veredelte Rosenpflanze.

Wurzelnackt – Eine Rose, die in der Rosenschule ausgegraben und ohne Erde an den Wurzeln weiterverkauft wird.

GEVIERTELT
'SOUVENIR DE LA MALMAISON'

BLÜTENFORMEN

Flach gebaut: Flache Blüte mit niedriger Mitte und wenigen Blütenblättern.

Geviertelt: Die inneren Blütenblätter sind in vier klare Segmente unterteilt.

Hoch gebaut: Die klassische Form der Teehybriden – die langen inneren Blütenblätter bilden einen Kegel in der Mitte.

Kugelig (»kohlkopfförmig«): Viele Blütenblätter bilden eine kugelförmige Blüte mit geschlossener Mitte.

Pomponartig: Rundliche Blüte mit vielen kurzen, regelmäßig angeordneten Blütenblättern.

Rosette: Viele Blütenblätter bilden eine schalenförmige Blüte mit offener Mitte.

Schalenförmig: Flache Blüte mit niedriger Mitte und vielen kurzen, regelmäßig angeordneten Blütenblättern.

Unregelmäßig: Die inneren Blätter bilden eine unregelmäßige Mitte.

Voll erblüht: Wohlgeformte Blüte nach ihrem Höhepunkt; weit geöffnet, sodass Staubfäden und das ganze Zentrum zu sehen sind.

ZAHL DER BLÜTENBLÄTTER

Einfach	5 bis 12
Halbgefüllt	13 bis 16
Gefüllt	17 bis 25
Dicht gefüllt	26 bis 40
Extrem dicht gefüllt	mehr als 40

REGISTER

Bildnachweis

Die Quellen für die Fotos in diesem Buch sind durch folgende Abkürzungen beim jeweiligen Registereintrag gekennzeichnet:

AARS	All-America Rose Selections
ARS	American Rose Society
BL	Burton Litwin
CF	Carl Finch
CR	Comley Roses, Australien
DK	Dorling Kindersley Bildarchiv
DM	Don Myers
FC	Flower Carpet Roses
MH	Margaret Hayward
PH	P.A. Haring
PJ	Paul Jerabek
PM	Pamela Myczek
RB	Rich Baer
RR	Ray Rogers
RSC	Ron Schwerdt
RSH	Ron Shaw
SJ	Steve Jones
TT	Timothy Tiemann
WN	William Nelson
WS	William Soltis

A

'Abraham Darby' 132 PH
'Aimée Vibert' 62 PH
'Alain Blanchard' 44 ARS
Alba-Rosen 12, 24–27
'Alba Maxima' 26 DK
'Alba Semi-Plena' 10, 24 PJ
'Alfred de Dalmas' 56 SJ
'Alika' 46 PH
'Alister Stella Gray' 62 PH
'Alpine Sunset' 112 DK
Alte Rosen, Weitere 12, 76–77
'Altissimo' 120 RB
'America' 120 PH
'American Beauty' 52 PH
'American Pillar' 114 DK
'Andrea Stelzer' 106 PH
'Anna de Diesbach' 52 PH
'Anytime' 124 PH
Apothekerrose 10 DK
'Aquarius' 90 WS
'Arizona' 90 PH
'Arnauld Delbard' 86 RSH
'Arthur de Sansal' 5, 64 PH/PH
'Australia's Olympic Gold Rose' 9 CR
'Autumn Damask' 36 PH
Ayrshire 12, 70

B

'Ballerina' 96 DK
'Baroness Rothschild' 52 DK
'Baronne Edmund de Rothschild' 108 PJ
'Baronne Prévost' 50 PH
'Belinda' 96 PH
'Belle Amour' 26 PH
'Belle Isis' 44 PH
'Belle Story' 134 RB
'Berries 'n' Cream' 5, 118 PM/ARS
'Bill Warriner' 84 PH
'Bloomfield Dainty' 98 PH
'Blueberry Hill' 13, 82 RB
'Bonica' 136 RB
'Boule de Neige' 30 PH
Bourbon 12, 28–31
Bourbon, Kletter- 12
Boursalt 12, 70
Bracteata-Hybriden 12, 71
'Brandy' 110 RB
'Brass Band' 84 RB
'Bride's Dream' 106 WS
'Buff Beauty' 98 DK

C

'Camaieux' 44 RR
'Camara' 110 PH
'Cardinal de Richelieu' 44 PH
'Carefree Beauty' 138 PH
'Caribbean' 78, 90 PJ/PH
'Casino' 118 PH
'Cécile Brunner' 130 DK
'Celestial' 24 DK
'Céline Forestier' 12, 62 PH
'Celsiana' 34, 36 PH/RR
'Champney's Pink Cluster' 60 PH
'Chapeau de Napoléon' siehe 'Crested Moss'
'Charles de Mills' 42 DK/RR
'Charlotte' 134 RB
'Chelsea Belle' 122 RB
'Cherry Brandy' 104 DK
'Chevy Chase' 48 PH
Chinarosen-Hybriden 12, 38–41
Chinarosen-Hybriden, Kletter- 12
'China Doll' 128 PH
'Chinatown' 82 DK
'City of York' 120 DK
'Classie Lassie' 90 PH
'Clotilde Soupert' 130 PH
'Cocktail' 136 RB
'Common Moss' siehe 'Communis'
'Communis' 56 RR/DK
'Compassion' 120 DK
'Complicata' 42 DK
'Comte de Chambord' 64 PH
'Comtesse de Murinais' 58 PH
'Congratulations' siehe 'Sylvia'
'Constance Spry' 136 DK
'Cornelia' 96 PH
'Cramoisi Supérieur' 38 PH
'Crested Moss' 56 PH
'Crystalline' 106 P

D

'Dainty Bess' 106 WN
Damaszenerrosen 12, 34–37
'Danae' 98 PH
'Dapple Dawn' 134 RB
'Dazzler' 124 PH
'Deep Secret' siehe 'Mildred Scheel'
'De Resht' 34 DK
'Deuil de Paul Fontaine' 58 PH
'Dicky' 84 RB
'Distant Drums' 136 PJ
'Dolly Parton' 110 WS
'Don Juan' 118 PH
'Dortmund' 78 RB
'Double Delight' 110 PH
'Drummer Boy' 86 DK
'Dublin' 110 PJ
'Dublin Bay' 120 PJ
'Duc de Guiche' 46 DK
'Duchesse de Brabant' 9 PH
'Duftwolke' 4, 120 DK
'Dutch Gold' 108 DK

E

'Earthquake' 124 PH
Eglanteria-Hybriden 12, 71
'Elegant Beauty' 108 RSH
'Elina' 13, 108 RB
'Elizabeth Taylor' 108 RSH
'Empress Josephine' 76 PH
'Enfant de France' 52 PH
'English Garden' 132 DK
'English Miss' 82 DK
'Erfurt' 98 PH
'Escapade' 84 RB
'Esmeralda' 108, 160 RB/RB
'Eugene de Beauharnais' 40 PH
'Europeana' 84 RSH
'Erzherzog Karl' 40 PH
'Eyepaint' 82 RB

F

'Fairhope' 124 PH
'Fame!' 90 RB
'Fantin-Latour' 32 ARS
'Félicité et Perpétue' 72 DK
'Félicité Parmentier' 26 DK
'Fellowship' 82 DK
'Ferdinand Pichard' 52 DK
'First Light' 136 AARS
'First Prize' 106 BL
Floribunda 13, 80–87
Floribunda, Kletter- 13
'Flower Carpet Pink' 149 FC
'Flutterbye' 140 DM
Foetida-Hybriden 12, 72
'Folklore' 110 PH
'Fortune's Double Yellow' 76 PH
'Fragrant Apricot' 2, 82 ARS/RB
'Fragrant Cloud' siehe 'Duftwolke'
'Francis Dubreuil' 68 PH
'Frau Dagmar Hartopp' siehe 'Fru Dagmar Hastrup'
'Frau Karl Druschki' 54 PJ
'French Lace' 82 PH
'Friesia' 82 PH
'Frohsinn' 106 RB
'Fru Dagmar Hastrup' 100 RB
'Frühlingsgold' 74 PH

G

Gallica-Hybriden 12, 42–47
'Gemini' 106 PH
'Général Jacqueminot' 52 PH
'Général Kléber' 58 PH
'Geranium' 94 DK
'Giggles' 124 RB
'Gingernut' 80 DK
'Glamis Castle' 134 RB
'Gloire de Dijon' 22 DK
'Gloire des Mousseuses' 58 PH

'HANSEAT' Strauchrose

'Gloria Dei' 9, 79, 108 PJ/RB
'Golden Chersonese' 132 DK
'Golden Wings' 138 RSC
'Gold Medal' 90 PH
'Graceland' 108 PH
'Graham Thomas' 134 CF
Grandiflora 13, 88–93
Grandiflora, Kletter- 13
'Great Maiden's Blush' 24 DK
'Green Rose' 18 PH

H

'Händel' 116 RB
'Hannah Gordon' 82 RB
'Hansa' 102 PH
'Hanseat' 158 RB
'Harison's Yellow' 72 RSC
'Harry Wheatcroft' 110 DK
'Heart o' Gold' 88 ARS
'Henry Hudson' 102 PH
'Heritage' 132 DK
'Hermosa' 38 DK
'Hero' 11, 134 RB
'Hertfordshire' 138 DK
'Honorine de Brabant' 30 PH
'Hot Tamale' 124 RB
'Hurdy Gurdy' 124 PH

I

'Iceberg' siehe 'Schneewittchen'
'Impatient' 86 PH
'Incognito' 124 PJ
'Invincible' 80 DK
'Irresistible' 124 CF
'Ispahan' 34 DK

J

'Jaune Desprez' 62 DK
'Jean Kenneally' 124 RB
'Jeanne Lajoie' 7 RB
'Jens Munk' 102 PJ
'Joyfulness' siehe 'Frohsinn'
'June Laver' 124 PH

K

'Kanegem' 82 PH
'Katharina Zeimet' 130 PH
'Kathryn Morley' 134 PH
'Kazanlik' 36 PH
'Keepsake' siehe 'Esmeralda'
'Kent' 138 DK
'Kiftsgate' 18 DK
Kletterrosen, Großblütige 13,
   116–21
'Königliche Hoheit' 106 PH
'Königin von Dänemark' 26 DK
Kohlrose 23 PH
Kordesii-Rosen 13, 94–95
'Kristin' 4 PH

L

'La Belle Sultane' 44 PH
'Lady Hillingdon' 66 PH
'Lady of the Dawn' 82 PJ
'Lady Penzance' 71 DK
'La France' 104 PH
'Lamarque' 60 DK
'La Reine' 54 PH
'Laughter Lines' 86 DK
'La Ville de Bruxelles' 36 PH
'Lawinia' 118 DK
'Leda' 36 PH
'Linda Campbell' 100 PH
'Linville' 124 PH
'Lipstick and Lace' 122 PH
'Little Artist' 126 DK
'Little Jackie' 124 PH
'Louise Estes' 108 PH
'Louise Odier' 28 DK
'Louis Philippe' 40 PH
'Love' 90 PH
'Lullaby' 130 PH
'Lynette' 106 WS
'Lynn Anderson' 108 RB

M

'Mabel Morrison' 52 PH
'Magic Carrousel' 124 RB
'Magic Lantern' 90 PH
'Maiden's Blush' 24 DK
'Maman Cochet' 68 PH
'Marchesa Bocella' 54 PH
'Maréchal Niel' 23, 62 DK/PH
'Marie Louise' 36 PH
'Marie Pavié' 130 PH
'Marijke Koopman' 108 BL
'Martin Frobisher' 100 TT
'Mermaid' 71 PH
'Mildred Scheel' 110 DK
'Minnie Pearl' 124 RB
'Miss Flippins' 5, 124 ARS/PH
'Mister Lincoln' 110 RB
'Mme Alfred Carrière' 62 PH
'Mme de la Rouche-Lambert' 58 PH
'Mme Ernest Calvat' 30 DK
'Mme Hardy' 36
'Mme Isaac Péreire' 28, 30 DK
'Mme Knorr' 64 DK
'Mme Legras de St Germain' 26 PH
'Mme Lombard' 66 PH
'Mme Pierre Oger' 12, 30 PH
'Mme Plantier' 26 DK
'Mme Sancy de Parabère' 70 DK
'Mons Tillier' 68 PH
'Moonlight' 98 DK
'Moonstone' 159 RSH
Moosrosen 12, 56–59
Moosrosen, Kletter- 12
'Morden Centennial' 138 PH
Moschus-Hybriden 13, 96–99
Moyesii-Hybriden 13, 94
'Mrs B. R. Cant' 68 PH

'Mrs Dudley Cross' 68 PH
'Mrs John Laing' 50 DK
'Mrs Oakley Fisher' 108 RB
'Mrs R. M. Finch' 130 PH
Multiflora-Hybriden 12, 48–49
'Mutabilis' 20 PH
'My Sunshine' 124 PH

N

'Nastarana' 60 PH
'New Dawn' 118 DK
'Newport Fairy' 114 PH
'Night Light' 116 DK
Noisette-Rosen 12, 60–63
'Nuits de Young' 58 PH
'Nymphenburg' 98 PH

O

'Old Blush' 40 PH
'Old Glory' 124 PH
'Old Master' 80 DK
'Old Red Moss' 58 PH
'Olympiad' 110 RSH
'Opulence' 106 PH
'Oranges and Lemons' 140 MH
'Orange Sunblaze' 126 DK

P

'Painted Damask' siehe 'Leda'
'Paradise' 108 RB
'Party Girl' 79 RB
'Paul Neyron' 54 DK
'Paul Ricard' 106 PH
'Peace' siehe 'Gloria Dei'
'Peggy "T"' 124 RB
'Penelope' 98 DK
'Perfect Moment' 110 RSH
'Perle des Jardins' 68 PH
'Petite de Hollande' 32 PH
'Petit Four' 126 DK
'Pierre de Ronsard' 116 TT
'Pink Grootendorst' 100 PH
'Pink Perpetue' 118 DK
'Pink Pet' 39 PH
'Playboy' 84 CF
'Playgirl' 84 RB
'Playtime' 5 PH
'Polarstern' 106 DK
'Polka' 118 RB
Polyantha-Rosen 13, 128–31
Polyantha-Rosen, Kletter- 13
'Pompon de Paris' 40 PH
Portland-Rosen 12, 64–65
'Pot o' Gold' 108 DK
'Prairie Princess' 140 PJ
'Prima Donna' 90 PH
'Princess Royal' 110 DK
'Priscilla Burton' 84 RB
'Pristine' 106 RB
'Prosperity' 96 PH
'Purple Tiger' 82 PH

'MOONSTONE'
Teehybride

Q

'Quaker Star' 13, 90 WS
'Queen Elizabeth' 90 PH

R

'Raubritter' 130 DK
'Reba McEntire' 88 RB
'Red Devil' 110 DK
'Reine des Violettes' 22 DK
'Rejoice' 88 WS
Remontantrosen 12, 50–55
Remontantrosen, Kletter- 12
'Rêve d'Or' 62 PH
'Rhonda' 118 PH
'Rina Hugo' 1 RB
'Robin Redbreast' 126 DK
'Roger Lambelin' 50 DK
'Roller Coaster' 124 RB
Rosa banksiae banksiae 20 PH
Rosa banksiae lutea 18 PH
Rosa bracteata 18 PH
Rosa canina 15, 156 DK/DK
Rosa carolina 15 PH
Rosa x centifolia 23 PH
Rosa eglanteria 14 RR
Rosa foetida 20 PH
Rosa foetida bicolor 20 PJ (BEIDE)
Rosa gallica 16 PH
Rosa glauca 20 DK
Rosa hugonis 8 RR
Rosa laevigata 20 PH
'Rosa Mundi' 11, 16 DK/PH
Rosa nutkana 16 PH
Rosa roxburghii 16 PH
Rosa rugosa alba 12, 16 TT
Rosa rugosa rubra 20 PH
Rosa setigera 20 PJ
Rosa spinosissima lutea 16 PH
'Rose de Resht' 34 DK
'Rose du Maître d'École' 44 DK
'Rose du Roi' 64 PH
'Rosette Delizy' 68 PH
'Royal Dane' siehe 'Troika'
'Royal Highness'
   siehe 'Königliche Hoheit'
'Ruby Wedding' 112 DK
Rugosa-Hybriden 13, 100–103
'Russelliana' 48 PH

S

'Scarlet Knight' 90 PJ
'Scentimental' 82 RSH
'Schloss Glücksburg'
   siehe 'English Garden'
'Schneewittchen' 82 DK
'Schneewittchen, kletternd' 86 DK
'Schneezwerg' 102 RB
'Schoolgirl' 13, 118 DK

'Seagull' 114 DK
'Secret' 7, 106 TT/PH
Sempervirens-Hybriden 12, 72
Setigera-Hybriden 12, 74
'Sexy Rexy' 79 RB
'Sheer Bliss' 106 RB
'Sheila's Perfume' 80 DK
'Shining Hour ' 90 PH
'Shreveport' 90 RR
'Silverado' 108 RB
'Silver Moon' 118 PH
'Silver Wedding' 112 DK
'Simplex' 122 RB
'Slater's Crimson China' 8, 40 PH
'Soleil d'Or' 72 RR
'Sombreuil' 66 PH
'Souvenir de la Malmaison'
    28, 30, 157 DK/PH/PH
'Sparrieshoop' 136 RB
Spinosissima-Hybriden 12, 74
'St Patrick' 108, 112 RSH/ARS
'Stanwell Perpetual' 74 PJ
'Star Delight' 102 PH

'Starina' 122 ARS
Strauchrosen 13, 132–41
'Stretch Johnson' 136 RB
'Suffolk' 106 PH
'Summer Fashion' 82 PH
'Sunsprite' siehe 'Friesia'
'Superb Tuscan' 46 DK
'Sweet Dream' 82 DK
'Sweet Juliet' 134 CF
'Sweet Success' 90 ARS
'Sydonie' 54 PH
'Sylvia' 112 DK
'Sympathie' 94 DK

T
'Tamora' 134 RB
Teehybriden 13, 104–13
Teehybriden, Kletter- 13
Teerosen 12, 66–69
Teerosen, Kletter- 12
'The Lady' 3 DK
'Thérèse Bugnet' 102 PH

'The Squire' 140 PJ
'Tigris' 140 DK
'Timeless' 110 PH
'Tocade' siehe 'Arizona'
'Tommelise' siehe 'Hertfordshire'
'Tootsie' 84 WS
'Topaz Jewel' 102 PH
'Touch of Class' 104, 110 TT/PH
'Tour de Malakoff' 32 DK
'Tournament of Roses' 92 RB
'Tricolore de Flandre' 46 DK
'Trigintipetala' siehe 'Kazanlik'
'Troika' 110 DK
'Tuscany' 12, 44 PH

U
'Ulrich Brunner Fils' 54 PH

V
'Variegata di Bologna' 30 DK
'Veilchenblau' 48 PH

W
'Waiheke' 90 TT
'Waldfee' 54 PH
'Weiße aus Sparrieshoop' 140 PJ
'Weiße Rose von York' 26 PH
'Werina' siehe 'Arizona'
'White Pet' 128 DK
Wichuraiana-Hybriden 13,
    114–15
Wildrosen 12, 14–21
'William Baffin' 94 RB

Y
'Yesterday' 128 PH

Z
Zentifolien 12, 32–33
'Zéphirine Drouhin' 30 PH
Zwergkletterrosen 13
Zwergrosen 13, 122–27

DANK UND ADRESSEN

Besonderer Dank geht an die Mitarbeiterinnen der American Rose Society: Jennifer Collum, Darlene Kamperman und Carol Spiers.

Außerdem danken wir den Mitarbeitern des Bildarchivs bei Dorling Kindersley für ihre Hilfsbereitschaft trotz der für sie schwierigen Umstände.

Dieses Buch wäre ohne die Unterstützung der Mitglieder der American Rose Society, deren Arbeit auf diesen Seiten dargestellt wird, nicht möglich gewesen. Wir wissen die Großzügigkeit zu schätzen, mit der sie ihre Zeit, ihr Können und Wissen zur Verfügung stellten, damit andere die Schönheit der Rosen entdecken können.

Die Autoren: Kitty Belendez, Kalifornien; Don Julien, Washington; Don Koster, Ohio; Dr. Anthony Liberta, Illinois; Susan Liberta, Illinois; Kathy Center Noble, Texas; Aleene Sinclair, Louisiana; Jeff Wyckoff, Washington; Kathy Wyckoff, Washington; Marily Young, Illinois.

Weitere Fotografen: Dr. Anthony Liberta, Kathy Center Noble (Fotos der Arrangements)

Das Lektorat wurde vom Editorial Advisory Committee der American Rose Society unterstützt: Jeff Wyckoff, Vorsitzender; Kitty Belendez, Dr. John Dickman, Dr. Anthony Liberta, Robert B. Martin Jr. und Deb Mock. Außerdem von Dr. Jim Hering, Bunny Skran, dem ARS Old Garden Rose Committee und G. Michael Shoup Jr.

Besonderer Dank für die Informationen auf Seite 92 geht an die Tournament of Roses Association.

'KEEPSAKE' Teehybride

Bezugsadressen (Rosenversand)

W. Kordes' Söhne Rosenschulen
Rosenstraße 54, D-25365 Klein Offenseth-Sparrieshoop

Rosen Jensen
Am Schlosspark 2 b, D-24960 Glücksburg

Rosen-Tantau
Tornescher Weg 13, D-25436 Uetersen

Rosen- und Baumschulen Walter Schultheis
Rosenhof
D-61231 Bad Nauheim-Steinfurth

Rosenliebhaber-Gesellschaften

Verein Deutscher Rosenfreunde e.V.
Waldseestr. 14
D-76530 Baden-Baden

Österreichische Gartenbaugesellschaft
Rosenfreunde
Parkring 12, A-1010 Wien

Gesellschaft Schweizerischer Rosenfreunde
Administration
Bahnhofstr. 11, CH-8640 Rapperswil

American Rose Society (ARS)
P.O. Box 30,000
USA-Shreveport, LA 71130
Internet: http://www.ars.org